Matthias Stiehler
»Partnerschaft ist einfach«

Matthias Stiehler

Partnerschaft ist einfach

Ein kleines Buch für
ein gutes Leben

Matthias Stiehler, »Partnerschaft ist einfach«
© 2014 Matthias Stiehler
Neuausgabe 2016
Überarbeitete Auflage 2023
www.matthias-stiehler.de
Umschlaggestaltung: Andreas Tampe
Foto: Sabine Stiehler
Druck und Distribution: tredition GmbH,
An der Strusbek, 22926 Ahrensburg, Germany

ISBN Paperback 978-3-7345-7223-4
ISBN Hardcover 978-3-7345-7224-1
ISBN E-Book 978-3-7345-7225-8

Das Werk, einschließlich seiner Teile, ist urheberrechtlich geschützt. Jede Verwertung ist ohne Zustimmung des Autors unzulässig. Die Publikation und Verbreitung erfolgen im Auftrag des Autors, zu erreichen unter: tredition GmbH, Abteilung "Impressumservice", An der Strusbek 10, 22926 Ahrensburg, Deutschland.

Bibliografische Information der Deutschen Nationalbibliothek:
Die Deutsche Nationalbibliothek verzeichnet diese Publikation in der Deutschen Nationalbibliografie; detaillierte bibliografische Daten sind im Internet über http://dnb.d-nb.de abrufbar.

Inhalt

Vier gute Gründe für eine Partnerschaft	7
Die gegenseitige Erleichterung des Lebens	12
Guter Sex und »Fellpflege«	19
Die Zugaben	22
Die Falle der Erwartungen	25
Kleine, konkrete Schritte	28
Zwei Leben in einer Partnerschaft	31
Vertikale Differenzierung	34
Eigenverantwortung	40
»Passneurose«	42
Das »50 zu 50 und 100 zu 100«-Paradox	45
Die Illusion des schönen Anfangs	50
Streit	52
Regeln für einen »Streit zur emotionalen Entlastung«	56
Paargespräche	65
Trennung	74
Liebevoller Umgang miteinander	76
Vom Können und Wollen	80
Kritische Lebensereignisse	87
Liebe	91
Und zum Schluss	95
Literatur, auf die im Buch verwiesen wurde	97

Vier gute Gründe für eine Partnerschaft

Partnerschaft ist einfach. Diese Aussage kann Ärger und Protest, zugleich aber auch Sehnsucht hervorrufen. Viele, vom Thema Partnerschaft geplagte Menschen wünschen sich innig, es einmal nicht mehr so schwer zu haben. Die eigenen Träume sollen sich endlich erfüllen.

Die Sehnsucht nach einer einfach zu führenden Partnerschaft können sowohl diejenigen in sich tragen, die selbst nicht in einer Partnerschaft leben und nun den richtigen Partner oder die richtige Partnerin finden möchten. Es sind oft diejenigen, die bereits zahlreiche Versuche hinter sich haben und immer wieder nach vielleicht anfänglicher Euphorie an den Schwierigkeiten des Zusammenseins, des Sich-aufeinander-Einlassens gescheitert sind. Die Sehnsucht nach einer einfach zu führenden Partnerschaft können aber auch die Männer und Frauen in sich spüren, die in einer Partnerschaft leben, dies jedoch keinesfalls als einfach und leicht empfinden. Sie alle könnten sich nach dem Lesen des Buchtitels hoffnungsvoll fragen: Könnte es wirklich sein, dass partnerschaftliches Zusammensein gar nicht so schwer sein muss?

Die Aussage, dass Partnerschaft einfach ist, kann aber durchaus auch Protest hervorrufen: Was bildet der sich ein, so etwas zu behaupten, wenn doch tagtäglich das Gegenteil erlebt wird. Eine Reise zum Mond mag einfach sein oder ein Marathonlauf. Aber eine Partnerschaft? Nie im Leben! Und doch – und das möchte ich mit diesem kleinen Buch aufzeigen – gibt es wenig, was so einfach ist, wie eine Partnerschaft. Es ist viel schwieriger, einen Marathon zu laufen, von einem Mondflug ganz zu schweigen. Es ist sogar sehr viel schwieriger, mit sich selbst zurechtzukommen. Gegenüber solchen Aufgaben ist Partnerschaft eine wirklich einfache Sache.

Die Schwierigkeiten, die wir in einer Partnerschaft immer wieder erleben, haben nichts mit ihr selbst zu tun, sie sind nicht in ihrem Wesen gegründet. Sie bestehen vor allem darin, dass wir von einer Partnerschaft zu viel und vor allem das Falsche erwarten. Dafür kann sie nichts. Wir selbst machen es uns schwer. Wir wünschen von einer Partnerschaft all das, was wir sonst vielleicht nicht haben, zum Beispiel inneren Frieden, Vertrauen, Erfüllung. Mit einem Satz: Wir wünschen uns, durch eine Partnerschaft heil zu werden. Doch genau das vermag keine Partnerschaft zu leisten, das muss sie überfordern. Und wenn die Schere zwischen den Erwartungen und dem Möglichen auseinandergeht, bleibt zwangsläufig Enttäuschung zurück. Wir fragen uns dann, warum es auch diesmal wieder nicht geklappt hat. »Ich will doch gar nicht so viel.«, ist die verzweifelte oder auch resignierte Behauptung, mit der man sich bei der besten Freundin oder dem besten Freund zu vergewissern sucht. Doch welche Freundin, welcher Freund getraut sich, in solch einer Situation einem enttäuschten und verzweifelten Menschen zu sagen: »Doch, du verlangst zu viel. Das, was du möchtest, geht nicht. Nicht das, was möglich ist, hat sich nicht erfüllt, sondern deine Erwartungen sind viel zu groß.«?

Das Problem vieler Partnerschaften besteht darin, dass zu viel erhofft, wenn nicht gar erwartet wird. Demgegenüber erscheint das, was wirklich und auf einfache Weise möglich ist, wenig, ja belanglos. Doch mit den übergroßen Hoffnungen wird dann letztlich das Mögliche verhindert. Dieses Mögliche ist bei einer richtigen Betrachtung natürlich sehr viel – so viel, dass ich schon Menschen habe vor Glück weinen sehen, wenn ihnen bewusst wurde, was sie in einfacher Weise in ihrer Partnerschaft an Miteinander, Nähe und Verbundenheit gestalten können. Und doch rennen die meisten Menschen viel unrealistischeren Träumen hinterher. Sie wünschen sich eine selbstverständliche und exklusive Liebe, die der andere bieten soll und die einfach da ist. Man glaubt, man hat einen Anspruch darauf und erkennt nicht, dass Liebe nie gefordert, sondern ausschließlich gegeben werden kann.

Dabei bin ich mir nicht einmal sicher, ob Liebe und Partnerschaft wirklich derart zusammengehören, wie es allgemein angenommen wird. Sicher hängt die Beantwortung dieser Frage von der jeweiligen Definition von Liebe ab. Liebe als Zuneigung, als Sich-leiden-Können und – im Laufe der Partnerschaftsentwicklung – auch als stetig tiefer werdende Verbundenheit ist sicher eine wichtige Grundlage von Partnerschaft. Wenn ich jemanden nicht leiden kann, sollte ich mit ihm keine Partnerschaft beginnen, zumindest nicht so lange, bis sich die Ablehnung aufgelöst hat. Aber romantische Vorstellungen von Liebe, wie sie uns in Goethes »Werther« begegnen und seit dieser Zeit Millionen Herzen dahinschmelzen ließen, sind keine Grundlage von Partnerschaft, ja sie zerstören die Partnerschaftsfähigkeit regelrecht. Solch ein Ideal hält – wenn überhaupt – nur dem Beginn einer Partnerschaft stand. Wenn ich ihm jedoch dauerhaft hinterherlaufe, dann muss jede reale Partnerschaft enttäuschen.

Sicher wird fast jeder zugeben, dass das romantische Liebesideal des »Werther« dem Leben kaum Stand hält. Aber es hat sich dennoch fest in unsere Herzen eingenistet und führt entgegen der Vernunft zu Enttäuschungen. Bei diesen stoßen wir dann auf eine interessante Geschlechtsspezifik: Während Männer sich zumindest nach außen mit der enttäuschenden Realität des Lebens in oftmals stiller Resignation abfinden, begehren Frauen öfter und schneller auf. Deshalb reichen auch mehr Frauen die Scheidung ein. Wir haben in unseren Paarberatungen zahlreiche Paare erlebt, in denen die Frau kurz vor der Trennung stand, während der Mann mit der Partnerschaft immer noch zufrieden schien. Im Laufe der Beratung wurde dann jedoch schnell deutlich, dass auch die Männer enttäuscht sind, es sich eben nur schwer eingestehen können. Aber wie dem auch sei, letztlich bringt weder die eine noch die andere Enttäuschungsverarbeitung das Paar, vor allem aber die beiden Menschen weiter. Weder eine Trennung noch die stille Resignation ist in solch einer Situation wirklich sinnvoll. Doch es wird lieber das mögliche Glück einer Partnerschaft geopfert als von den eigenen, unrealistischen Erwartungen abzulassen. Was aber ist nun das Mögliche? Oder gleichbedeutend, aber etwas anders ausgedrückt: Was ist das Wesen einer Partnerschaft?

Es gibt vier Gründe, die es lohnen, eine Partnerschaft einzugehen, und die demnach ihr Wesen bestimmen: Zuallererst geht es darum, sich das Leben zu erleichtern. Als Zweites lässt sich in einer Partnerschaft der bestmögliche Sex und überhaupt eine konstante körperliche Nähe leben. Zum Dritten gibt es keine Beziehungsform, in der man in der Not so selbstverständlich füreinander da sein kann. Und schließlich können sich berührende Momente ergeben, die anderweitig so kaum möglich sind – falls man bereit ist, dies zuzulassen.

Im Grunde war es das! Wer mehr von einer Partnerschaft verlangt, macht es sich nicht nur unnötig schwer, er arbeitet auch aktiv auf ihr Scheitern zu.

Unter den vielen möglichen Einwänden gegen die Begrenzung auf diese vier Gründe stellt der vermutlich berechtigste die Frage nach den Kindern: Ist es nicht ein wesentliches Merkmal von Partnerschaft, dass sie auf Kinder ausgerichtet ist? Diese Überlegung ist verständlich, denn es gibt zahlreiche Paare, für die eine Familiengründung der entscheidende Grund ist, überhaupt eine dauerhafte Partnerschaft einzugehen. Das Partnerschaftsleben baut sich zumindest in der Zeit, in der die Kinder noch Kinder sind, um die Familienaufgaben herum. Doch gilt das längst nicht für alle Paare. Manche wollen keine Kinder, manche können keine bekommen. Meine Kinder beispielsweise sind bereits aus dem Haus. Sie brauchen nunmehr weder mich noch meine Frau. Aber sollte das uns am weiteren Partnerschaftsleben hindern?

Dies soll kein Buch über Familien sein, sondern über das Wesen partnerschaftlichen Zusammenseins zweier Menschen. Dieses kann selbstverständlich Kinder einschließen, muss es aber nicht. Ein partnerschaftliches Miteinander ist eine wesentliche Voraussetzung für das Gelingen von Familienleben, das aber umgekehrt nicht zwangsläufig aus einer Partnerschaft folgt. In diesem Buch steht die Partnerschaft im Fokus. Es befasst sich mit den wesentlichen Grundlagen der Zweierbeziehung. Nur an einer Stelle werde ich später die Frage stellen, was es für eine Partnerschaft bedeutet, wenn Kinder hinzukommen.

Aber auch dann liegt der Schwerpunkt der Betrachtung auf der Zweierbeziehung.

Sicher wird es noch weitere Einwände gegenüber den »Vier guten Gründen, eine Partnerschaft einzugehen« geben: zu wenig, zu viel, zu abgehoben, zu nüchtern ... Damit werde ich mich in meinen weiteren Ausführungen noch auseinanderzusetzen haben und so hoffe ich, dass sich diese Einwände – falls es sie überhaupt gibt – erübrigen werden. Zunächst aber möchte ich diese vier Punkte noch ein wenig genauer beleuchten.

Die gegenseitige Erleichterung des Lebens

Die gegenseitige Erleichterung des Lebens ist die erste und wichtigste Aufgabe einer Partnerschaft. Kurz gesagt geht es darum, dass es weniger anstrengend sein soll, sein Leben zu leben. Doch was heißt das eigentlich konkret? Im Grunde ist es ganz einfach (wie eben Partnerschaft einfach ist): Es geht um gegenseitige Unterstützung.

Diese kann sehr unterschiedlich aussehen und umfasst drei verschiedene Bereiche: den instrumentellen, den informatorischen und den emotionalen. Wem diese drei Worte im Zusammenhang mit Partnerschaften ein wenig eigentümlich erscheinen, dem sei erläutert, dass dies Begriffe sind, die in den Sozialwissenschaften verwendet werden, und Wissenschaft klingt häufig etwas eigenartig. Aber was damit gemeint ist, leuchtet ein.

Da gibt es zunächst die »äußeren Tätigkeiten«. Hierzu gehört all das, was zum Alltag eines Lebens dazugehört: materielle Versorgung und alltägliche Arbeiten. Ich scheue mich, hier von »Hausarbeit« zu sprechen, da mir dieser Begriff zu sehr belastet scheint. Natürlich geht es bei den alltäglichen Arbeiten auch um die im Haus bzw. in der Wohnung. Waschen, Saubermachen, Essenzubereiten, Abwaschen, Bügeln, Fensterputzen, Reparaturen ... Aber zu den alltäglichen Arbeiten gehört noch mehr, etwa das Auto und die Fahrräder in Gang halten, die Finanzen managen, Verträge verwalten. All das und mehr sind Arbeiten, die erledigt werden müssen – egal, ob man allein oder gemeinsam lebt. Der Effekt einer Partnerschaft ist an dieser Stelle vor allem, dass diese Arbeiten in einem Zweierhaushalt zwar zunehmen, sich aber nicht verdoppeln. Das heißt, dass sich bei einem partnerschaftlichen Zusammenleben die Gesamtmenge der für beide Menschen notwendigen Arbeit real verringert. Das gilt in gleicher Weise auch für materielle Ausgaben, wie beispielsweise die Miete. Kleine Wohnungen für Singles sind je Quadratmeter im Allgemeinen teurer als Wohnungen, die für Paare geeignet sind. Zudem braucht man gemeinsam nur eine Küche, ein Bad und auch zahlreiche Einrichtungsgegenstände sind nur einmal notwendig.

Es treten demnach materielle Ersparnisse auf. Aber auch die notwendigen Arbeiten lassen sich gemeinsam effektiver und auch angenehmer erledigen. Dabei trete ich für eine grundsätzliche Gleichverteilung der anstehenden Arbeiten ein. Doch hier ist Vorsicht geboten. Männer, die sich vor mancher unangenehmen Arbeit drücken wollen, gibt es mindestens ebenso häufig wie Frauen, die grundsätzlich glauben, dass sie bezogen auf die Haus- und Familienarbeit benachteiligt sind. Die entsprechenden Debatten sollen an dieser Stelle nicht wiedergegeben oder gar fortgesetzt werden. Aber für eine funktionierende Partnerschaft ist es wichtig, dass die Arbeiten gleich verteilt sind. Das bedeutet nicht, dass beide alles in gleicher Weise machen müssen. Der Vorteil einer Partnerschaft liegt ja gerade darin, dass unterschiedliche Kompetenzen und Vorlieben auch zu einer befriedigenderen Arbeitsteilung führen können.

In Partnerschaften kommt es jedoch häufig vor, dass über die Hausarbeit gestritten wird. Empfundene Ungerechtigkeiten, aber auch das Gefühl, dass der andere die Arbeit nicht richtig oder ausreichend oder ordentlich genug macht, bietet ein großes Feld an Ärger-, Kränkungs- und Streitpotenzial. Doch genau das sollte unbedingt vermieden werden. Wenn einer von beiden das Gefühl hat, dass die Arbeit nicht gleichmäßig verteilt ist, dann rate ich zu einer Zeitbudgetanalyse. Über mindestens einen Monat, besser über mehrere, werden alle Arbeiten mit genauen Zeiten aufgelistet und dann verglichen. Die Erfahrung zeigt, dass sich häufig die empfundenen Ungerechtigkeiten relativieren. Ansonsten sollte eine Neujustierung vorgenommen werden.

Ein anderes Thema ist jedoch die temporäre Ungerechtigkeit: Der eine sitzt bereits auf dem Sofa, während der andere noch zu tun hat. Hier sollte derjenige, der noch arbeiten muss, seinen Ärger nicht am anderen auslassen. Streit führt nicht weiter. Wenn ich streite und so versuche, mich zu entlasten, vergiftet das die Stimmung, ohne dass es einen erkennbaren Nutzen bringt. Einen Gewinner gibt es da nicht. Vielleicht hilft ja das Wissen über den Ärger hinweg, dass es auch umgekehrte Situationen gibt. Und vielleicht ist es sogar möglich, den anderen um Mithilfe zu bitten.

Erfahrungsgemäß sind Streitereien wegen Hausarbeit weder sinnvoll noch die wirkliche Ursache. Zumeist stecken tiefere Probleme und Zwistigkeiten dahinter. Die sollten angegangen werden. Sonst arbeitet man sich permanent an den Alltagsarbeiten ab, kommt in keine Entspannung und verliert das Miteinander. Die Regelung der Alltagsarbeiten ist eine eher nüchterne Angelegenheit, letztlich von keiner existenziellen Bedeutung. Halten Sie sich vor Augen, dass es um gegenseitige Lebenserleichterung geht, um mehr nicht. Und wenn die Arbeit einem dann noch Spaß macht, wäre das schon eine willkommene Zugabe. Aber das ist oft ja auch nicht der Fall.

Neben der instrumentellen bietet eine Partnerschaft aber auch noch andere Formen der gegenseitigen Erleichterung. Ein sehr wichtiger Bereich ist die informatorische Hilfe, die sich Partner geben können. Gemeint ist damit das gemeinsame Nachdenken über anstehende Probleme und Fragen, das gegenseitige Ratgeben und der allgemeine Austausch. Ein Paar ist nicht nur mit seiner Partnerschaft befasst. Beide haben zumeist auch ein Leben in anderen Bereichen, beispielsweise der Arbeit. Der gemeinsame und alltäglich Austausch erweitert den Erfahrungshorizont. Die Lebenswelt verdoppelt sich und es entwickelt sich ein erweitertes Lebenswissen. Dass dies ein Vorteil und eine Lebenserleichterung ist, muss nicht betont werden.

Jedoch geht es keinesfalls nur um einen allgemeinen Austausch. Auch das gemeinsame Nachdenken über Entscheidungen oder Probleme ist eine wichtige Ressource, die eine Partnerschaft zur Verfügung stellen kann. Das lässt sich sehr einfach nachvollziehen. Ein Mensch, der über ein schwieriges Problem nachdenkt, verfällt schnell ins Grübeln und wird dabei noch unsicherer, welche Entscheidung die beste ist. Aber wenn er seine Überlegungen jemand anderem mitteilt, ergibt sich manchmal bereits beim Erzählen ein gangbarer Weg. Fast jeder kennt solche Situationen. Diese »Hilfe allein durch Zuhören« wirkt umso besser, je vertrauter das Gegenüber ist. Es sind dann wenig Erläuterungen nötig, das Wissen umeinander hilft. Und wenn der andere aus dem Wissen um den Partner einen guten Rat gibt, verstärkt sich der Gewinn beträchtlich.

An dieser Stelle lässt sich jedoch auch gut aufzeigen, worin das Problem zu hoher Erwartungen in einer Partnerschaft liegt. Wenn der Ratsuchende vom Partner vor allem Bestätigung erwartet, geht es ihm im Grunde nicht um die Lösung seines Problems, sondern um eine Bestätigung seiner Person. Er ist sich seiner selbst unsicher. Dieses Gefühl wurde vielleicht durch ein aktuelles Problem aktiviert. Und nun möchte der Ratsuchende, dass der Partner ihn beruhigt. Das aber kann mit der Problemlösung kollidieren, zu der durchaus auch eine kritische Betrachtung des eigenen Tuns gehört. »Du kritisierst ja nur.« oder »Immer bist du auf der Seite der anderen.« oder »Nie hast Du Verständnis für mich.« könnte dann die Reaktion des Ratsuchenden sein. Und schon ist der Streit in vollem Gang und die Hilfemöglichkeit verkehrt sich in ihr Gegenteil. Daher sollte jeder sich auch in einer Partnerschaft die Frage stellen, ob er wirklichen Rat oder lieber Bestätigung seiner Person sucht. Auf der anderen Seite sollte der um Rat Gefragte prüfen, ob er wirklich bereit und offen dafür ist, sich dem anderen aufmerksam zuzuwenden. Es ist besser, dem anderen mitzuteilen, dass man gerade nicht offen für seine Probleme ist, als ihm nur halbherzig Aufmerksamkeit zu schenken.

Ebenso ist es nicht gut, wenn der um Rat Ersuchte die Gelegenheit nutzt, endlich einmal eine schon lange gehegte Kritik loszuwerden. Auch das vergiftet die Partnerschaft. Die Lebenserleichterung durch gegenseitige Beratung in unterschiedlichen Lebensfragen ist ein hohes Gut einer Partnerschaft und sie sollte von beiden Partnern in Ehre gehalten und gepflegt werden.

Der dritte Bereich, in dem Partnerschaft das Leben erleichtert, ist die emotionale Unterstützung. Damit ist die einfache Tatsache gemeint, dass es da überhaupt jemanden gibt, mit dem man sein Leben teilt und dem man sich anvertrauen kann. Das allein ist eine wichtige Stütze und erleichtert das eigene Leben. Man ist nicht allein. Wesentlicher als das konkrete räumliche Zusammensein ist dabei jedoch das ideelle Miteinander, die Verbundenheit, das Wissen umeinander.

Die gegenseitige Erleichterung des Lebens im Instrumentellen, Informatorischen und Emotionalen ist bei genauer Betrachtung ebenso wichtig wie es auch eine nüchterne Angelegenheit ist. Wichtig ist sie, weil die beschriebenen Punkte das Leben lebenswerter machen und manche Beschwerlichkeit verringern. Nüchtern sind die beschriebenen gegenseitigen Hilfen jedoch, weil sie in keinem Punkt exklusiv auf eine Partnerschaft beschränkt sind. All die Erleichterungen können sich auch Freunde, Kollegen, Bekannte, Verwandte bis hin zu professionellen Dienstleistern (Reinigungsfirmen, Haushaltshilfen, Psychotherapeuten, Berater) geben. Die Besonderheit einer Partnerschaft liegt in diesem Bereich nicht im Alleinvertretungsanspruch, sondern in der möglichen Intensität der beiderseitigen Unterstützung. Das gegenseitige Vertrautsein, das grundsätzliche Wohlwollen, das eine Partnerschaft bestimmen sollte, bewirkt, dass die Hilfen freimütiger gegeben und leichter genommen werden können. Das Misstrauen (»Verfolgt der andere mit seiner Unterstützung andere, verdeckte Zwecke?«) kann gering gehalten werden. Es bedarf auch nicht eines sofortigen Ausgleichs, da Partnerschaft auf einen längeren Zeitraum angelegt ist und zeitweilige Ungleichgewichte in der gegenseitigen Hilfe wieder ausgeglichen werden können. Und schlussendlich besteht in einer Partnerschaft die Möglichkeit, dass die gegenseitige Unterstützung intensiver erfolgt. Das Umeinander-Wissen ermöglicht es, dass Hilfen inniger erfolgen und manche Oberflächlichkeit durchbrochen wird. Einen Rat können viele geben und je verbundener eine Freundschaft ist, desto hilfreicher wird er sein. Aber es gibt eben kaum einen Menschen, der so sehr an die eigene Seele herankommt wie der Partner. Das ist ja auf der einen Seite die Gefahr, dass man gleich wieder zu viel von ihm möchte (»Wenn er mich liebt, dann wird er mich verstehen.«). Auf der anderen Seite aber ist es in keiner anderen Beziehungsform möglich, sich so nah, vertraut und zugleich so alltäglich zu begegnen. Das ermöglicht eine gegenseitige Lebenserleichterung wie sonst nirgends in einer erwachsenen Beziehung.

Guter Sex und »Fellpflege«

Neben der gegenseitigen Erleichterung des Lebens sind Sex und körperliche Berührungen der zweite Grund für eine Partnerschaft und er ist nicht minder wichtig. Und auch hier stoßen wir auf die gleiche Charakteristik: Sexualität und körperliche Nähe müssen nicht nur in einer Partnerschaft stattfinden. Flüchtige Bekanntschaften, Prostituierte, Sex nur um des Triebes willen, Sex in einer Gruppe, mit ständig wechselnden Partnern, vielfältige Massagenangebote und anderes mehr ist selbstverständlich alles möglich. Weder Männer noch Frauen sind von Haus aus monogam und fast alle könnten mit fast allen Sex haben und sich körperlich nahe sein. Es gibt da keine biologische Sperre.

Die andere Seite aber ist, dass beides höchstmöglichen Genuss bieten sollte. Und hier gibt es einen verbreiteten Irrtum. Es wird oft geglaubt, dass Sexualität eine Frage der Technik und der Geilheit ist. Bestmöglicher Sex aber ist eher eine Frage der Vertrautheit. Nicht die Akrobatik ist entscheidend, nicht der häufige Stellungswechsel oder gar die Dauer. Es ist das aufeinander Eingeschwungensein, die vertraute und damit innige körperliche Begegnung. Natürlich geht es auch um Wünsche, ums Ausprobieren, um den Reiz des Überraschenden. Aber das ist bei genauer Betrachtung in einer Partnerschaft viel besser möglich, weil die Intimität, mit der sich beide Seelen beggenen, das Überraschen erst ermöglichen. Sex ohne Beziehung mag geil sein, aber es ist mehr ein Sport. Es werden Orgasmen und Ereignisse wie Trophäen gesammelt, die anschließend auf der Vitrine verstauben. Nach dem Wettkampf fühlt man sich leer und möchte schnell weg.

Ähnliches gilt für körperliche Nähe. Natürlich sind medizinische Massagen gut und ist eine freundschaftliche Umarmung schön. Menschen können sich in vielerlei Art körperlich nahe sein, ohne dass es sich dabei gleich um eine Partnerschaft handelt. Aber in einer solchen haben die Berührungen noch eine andere, tiefgreifendere Funktion. Es geht um die Vertrautheit des körperlichen Miteinanders. Das festigt die Bindung und schafft eine Entspannung, die sonst schwer zu erreichen ist. Ich nenne es gern die gegenseitige »Fellpflege«.

Sexualität und körperliche Berührungen in einer Partnerschaft haben mit Innigkeit zu tun. Man kennt einen Menschen und lernt ihn so noch besser kennen – auch die Seiten, die er sonst eher versteckt: das Unerwartete, das Unkontrollierte, das Weiche, das Gierige, aber auch die Begrenzung, vielleicht das Unangenehme. All das macht körperliche Begegnungen mit einem vertrauten Menschen intensiver als mit einer beiläufigen Bekanntschaft.

Aber fast noch wichtiger als das Kennenlernen des anderen ist das Sich-selbst-Zeigen. Körperlicher Kontakt mit jemandem, den man nur flüchtig kennt, den man dann vielleicht nicht einmal mehr wiedersieht, hat etwas mit Verstecken zu tun. Man zeigt zwar seine »animalische Seite«, vielleicht auch seine ganz weiche, verletzliche. Aber die haben für das weitere Leben keine Konsequenzen. Man sichert sich gegen die Folgen der Berührungen ab. Die bestehen darin, sich nackt, sich ungeschützt, sich quasi unbewaffnet zu zeigen. Das hat im Allgemeinen für die flüchtige Begegnung keine Konsequenzen, für die Beziehung jedoch schon.

Eine größere Schutzlosigkeit ist eine wichtige Voraussetzung für eine intensivere, partnerschaftliche Beziehung, aber sie macht auch Angst. Man fühlt sich verletzbarer, dem anderen ausgelieferter. Deshalb scheuen manche miteinander befreundete Menschen den Schritt ins Bett, obwohl doch alle sagen, dass sie gut zueinander passen würden. Sie scheuen den Schritt der gegenseitigen Offenbarung, bei der sie die bisher sorgsam gehüteten Geheimnisse lüften. Ich kenne sogar Paare, die Sexualität nur außerhalb ihrer Beziehung leben können. Sie wollen sich im symbolischen wie im realen Sinn nicht nackt voreinander zeigen.

Sexualität in einer Partnerschaft zu leben, möchte ich keinesfalls als ein moralisches Gebot verstanden wissen. Es geht mir nicht darum, ewige Treue zu predigen und damit das sexuelle Erleben zu beschneiden. Wer Treue vorschreiben will, ist vielleicht nur zu schwach, an den bestmöglichen Sex in der Partnerschaft zu glauben. Man denke nur an die vielleicht häufigste Formulierung in Heiratsanzeigen »Suche lieben und treuen Partner …« Hinter dieser Formulierung steckt bereits der Zweifel an der Partnerschaft und Langeweile scheint vorprogrammiert. Wie wäre es mit der Formulierung: »Suche einen Partner, mit dem ich aufregenden Sex und innige körperliche Nähe leben möchte …«? Das wäre doch eine Aussage, die nicht nur guten Sex, sondern auch eine reizvolle und im besten und wörtlichen Sinne aufregende Partnerschaft verspricht.

Auf das Thema Sexualität in der Partnerschaft werde ich in einem späteren Kapitel noch einmal zurückkommen. Es gilt, die Chancen und Grenzen von partnerschaftlicher Sexualität noch einmal genauer zu betrachten. An dieser

Stelle soll erst einmal aufgezeigt werden, dass Sexualität und »Fellpflege« gemeinsam mit der alltäglichen Lebenserleichterung der wesentliche Grund überhaupt sind, eine Partnerschaft einzugehen. Doch diese Gründe sind es wirklich wert! Man halte sich nur die Anstrengungen vor Augen, sich all das immer wieder neu, mit unbekannten oder zumindest nicht so nahen Menschen herstellen zu müssen. Das gelingt viel seltener und längst nicht so kontinuierlich. Somit müssen wir diese beiden Gründe als Basis ansehen. Ohne sie lohnt sich keine Partnerschaft. Demgegenüber sind die beiden nächsten Gründe fast so etwas wie eine Zugabe. Beziehungsweise machen sie eine gute Partnerschaft zu einer sehr guten.

Die Zugaben

Als dritten Grund, eine Partnerschaft einzugehen, hatte ich das Füreinander-da-Sein in der Not genannt. Im Gegensatz zur Lebenserleichterung, die immer zugleich ein Geben und ein Nehmen ist und unter dem Strich ausgeglichen sein sollte, ist das Füreinander-da-Sein ein asymmetrisches Geschehen. Es geht um ein Geben, das nicht zugleich haben möchte. Gemeint sind Situationen, in denen der eine so sehr in Not ist, dass das Partnerschaftliche der Beziehung nicht aufrechterhalten werden kann. Solche Ereignisse können schwere Krankheiten oder andere tiefe Lebenskrisen sein. Es sind Situationen, in denen der Betroffene nichts oder zumindest kaum etwas geben kann und in denen er nicht in der Lage ist, die Partnerschaft aktiv aufrecht zu erhalten.

Dann muss sich der andere fragen, ob er sich in der Lage sieht, sich dem Partner zuzuwenden und für ihn da zu sein.

Solch eine Situation hebt faktisch die Partnerschaft auf und stellt sie damit vor eine Prüfung. Natürlich könnte es sein, dass der Helfende irgendwann in ähnlich starker Weise hilfsbedürftig wird. Aber darauf kann man sich nicht verlassen – und ob man es sich wünschen soll, weiß ich auch nicht. Denn ich meine mit »Not« nicht das kleine Wehwehchen oder eine normale Krankheit, von der jeder einmal betroffen ist. Sicher sind die Partner auch hier gefragt, sich beizustehen. Aber das ließe sich zugleich mit dem Versprechen verbinden, dem anderen in einer ähnlichen Situation ebenso zu helfen. Eine schwere, gar tödliche Krankheit oder eine tiefe Lebenskrise (etwa der Tod eines nahen Menschen oder ein beruflicher Rückschlag) kennt jedoch keine Gleichheit. Derjenige, der nicht betroffen ist, ist gefordert, sich dem anderen zuzuwenden, ohne dass ihm dies jemals vergolten werden kann. Diese Ungleichheit ist eine Möglichkeit, die eine Partnerschaft zumindest potenziell bietet und die in dieser Intensität sonst kaum möglich ist – höchstens noch innerhalb der Familienbande, die aber nach meinen Erfahrungen oft mehr eine moralische Verpflichtung als ein freiwilliges Geben beinhaltet.

Und auch hier geht es mir wieder nicht darum, ein moralisches Prinzip aufzustellen. Kein Partner darf dazu verpflichtet werden, für den anderen über die eigenen Grenzen zu gehen und die eigenen Möglichkeiten zu überschreiten. Das beinhaltet das Wesen der Asymmetrie, dass sie nie verlangt und nur gegeben werden kann. Deshalb ist es mir wichtig, diesen Punkt nicht als allgemeine Grundlage einer Partnerschaft zu verstehen.

Sicher, es qualifiziert eine Partnerschaft zu einer noch besseren, wenn es möglich ist, sich dem anderen frei zuzuwenden, ohne dafür einen Ausgleich zu bekommen. Aber wir sollten auch dann von einer guten, gelingenden Partnerschaft sprechen, wenn sich die ersten beiden genannten Grundlagen erfüllen. Ich sprach es bereits an: Wir müssen aufpassen, dass wir nicht zu viel von einer Partnerschaft erwarten. Es geht um das Einfache und um das Machbare.

Ähnliches lässt sich über den vierten Punkt sagen: die berührenden Momente.

Bereits zur Sexualität gehört es, sich nah zu kommen. Das bedeutet jedoch nicht zwangsläufig, dass man sich wirklich in der Tiefe berührt. Körperliche Nähe oder auch »Sich gut verstehen« hat nicht unbedingt etwas mit Berührung und Berührtsein zu tun. Das ist ja der Grund, warum Sexualität und körperliche Berührungen in der Partnerschaft anders, inniger sein können. Die gegenseitige Vertrautheit ermöglicht eine größere Öffnung der Seele.

Doch auch wenn Körperlichkeit in der Partnerschaft ein besonderes »Berührungspotenzial« besitzt, sind berührende Momente keinesfalls darauf begrenzt. Die Öffnung des Herzens für die Begegnung mit einem anderen Menschen kann in vielen Lebensbereichen geschehen. Es handelt sich um ein Gewahrwerden, was der andere für das eigene Leben bedeutet und welche Verbundenheit sich daraus entwickelt hat. Dabei wäre es eine Illusion anzunehmen, das Bewusstsein von Nähe und Verbundenheit ließe sich alltäglich dauerhaft wachhalten. Es sind vielmehr einzelne Momente, in denen das plötzlich durchbricht. Für den Einzelnen ist es wichtig, in solchen Momenten – die ja selten vorhersagbar sind – offen für das

Erleben zu sein. Es geht darum, sich anrühren zu lassen. Voraussetzung aber ist eine innige Beziehung, wie sie sich nur in einer Partnerschaft entwickeln kann.

Und auch hier gilt: Das lässt sich keinesfalls erzwingen, vielleicht nicht einmal erhoffen. Denn wer von einer Partnerschaft berührende Momente erhofft, wird in der Regel enttäuscht. Sie lassen sich nicht zwingen oder herbeiwünschen. Solch eine Erwartung verhindert sie regelrecht. Und es sei wiederholt, dass eine Partnerschaft auch nicht von ihnen abhängt. Berührende Momente sind das »Sahnehäubchen«. Wenn man sich gegenseitig das Leben erleichtert, regelmäßig Sex hat und sich dabei noch wohlwollend begegnet, lebt man bereits eine gute Partnerschaft. Vermutlich eine bessere als die meisten Paare. Es kann sicher immer noch besser werden. Und ich habe mit den letzten beiden Punkten beschrieben, wie dies aussehen kann. Aber man sollte sich nicht zu sehr darauf festlegen. Das könnte eine Falle sein.

Die Falle der Erwartungen

Der Hauptgrund für das häufige Scheitern von Partnerschaften liegt in den zu hohen Erwartungen. Das Mögliche wird nicht akzeptiert, weil es nicht zu reichen scheint. Es wird Idealen nachgegangen, die entweder unrealistisch oder gar gänzlich falsch sind.

Im Grunde ist uns das allen bewusst. Die berühmtberüchtigten Liebesfilme aus Hollywood mögen zwar die Herzen anrühren, aber kaum jemand wird bewusst erwarten, dass das eigene Leben so verläuft. Der sprichwörtliche

Prinz oder die entsprechende Prinzessin wird ebenso wenig in unserem Leben erscheinen wie das perfekte Model, das auch noch im Bett unschlagbar ist, oder der umwerfende Mr. Right. Wir wissen das. Doch trotz dieses Wissens sind wir von solchen Träumen in der Tiefe unserer Herzen beeinflusst – ich möchte sagen: vergiftet. Nicht die Vorstellung, dass eine Partnerschaft genauso wie in einem Film aussehen muss, bestimmt uns, jedoch die daraus erwachsenden Träume von einer »perfekten Partnerschaft«.

Wenn ich Studenten in Seminaren frage, was sie in einer Partnerschaft für wichtig halten, dann kommen in erster Linie Aussagen wie »Vertrauen« und »Verständnis«. Sex wird auch manchmal genannt, jedoch nie ganz weit oben. Doch so normal solche Aussagen erscheinen, denn wer wünscht sich kein Vertrauen oder kein Verständnis in einer Partnerschaft, so gefährlich sind solche Vorstellungen aber auch. Denn was ist damit gemeint? *Wofür* soll Vertrauen oder Verständnis gut sein? Wenn Vertrauen und Verständnis zwischen den Partnern ein Zeichen von Zuneigung und Verbundenheit sind, dann ist es schön und sollte wertgeschätzt werden. Solche Erwartungen sollten aber nie eine Voraussetzung von Partnerschaft sein. Vertrauen und Verständnis können sich vielleicht mit der Zeit entwickeln. Aber das hat zur Bedingung, dass beide Partner jeweils in sich selbst Vertrauen haben und sich selbst verstehen. Auf der Grundlage eines guten Selbstverständnisses und eines großen Selbstvertrauens ist es möglich, sich dem anderen zu öffnen, ihm Verständnis entgegenzubringen und ihm zu vertrauen. Nur so kann es funktionieren!

In den meisten Fällen aber soll Vertrauen und Verständnis in einer Partnerschaft vor allem dazu dienen, das eigene mangelnde Selbstvertrauen aufzuwerten und das eigene geringe Selbstverständnis zu kompensieren. Deshalb wird Vertrauen und Verständnis keine Zeit gelassen, sich zu entwickeln, sondern sie werden zur Bedingung einer Partnerschaft gemacht. Aber das kann nicht gut gehen. Denn wenn das eigene geringe Selbstvertrauen darauf hofft, über das Vertrauen des anderen gestärkt zu werden, steht es weiterhin auf tönernen Füßen, die schnell zerbrechen können. Sobald der andere das geforderte Vertrauen nicht mehr rechtfertigt (zum Beispiel durch Fremdgehen) rutscht das eigene Selbstvertrauen sofort wieder in den Keller. »Was hat die (oder der) andere, was ich selbst nicht habe?«, könnte dann so eine bange Frage lauten, die aufzeigt, dass es mit dem eigenen Selbstbewusstsein nicht weit her ist. Um solch einen Absturz zu vermeiden, werden dann Forderungen aufgestellt: »Ich möchte, dass du Verständnis für mich hast.«, »Ich möchte dir vertrauen können.« und so fort. Aber wie echt ist denn Verständnis, wenn es eingefordert werden muss? Was bedeutet denn Vertrauen, wenn es als Gesetz formuliert wird?

Interessanterweise werden die wirklich wichtigen Grundlagen einer Partnerschaft von den Studenten nie oder nur selten genannt. Ich kann mich in all den Jahren an keine einzige Nennung von »Lebenserleichterung« erinnern. Wenn ich die Studenten darauf anspreche, dann kommen Äußerungen wie »Na, das ist doch selbstverständlich.« Im Grunde sehe ich das ebenso. Die gegenseitigen Lebenserleichterungen sind eine selbstverständliche Grundlage einer Partnerschaft. Aber wenn die Selbstverständlichkeit bedeutet, dass sie nichts wert ist, dann ist das ein großer Irrtum. Gerade das Einfache dieses partnerschaftlichen Miteinanders macht sie so wertvoll. Sie allein lohnen das Eingehen einer Partnerschaft bereits. Deswegen ist Partnerschaft im Grunde ja so einfach.

Und Gleiches gilt für Sexualität. Auch hier wird meist davon ausgegangen, dass sie selbstverständlich gegeben und deshalb nicht so entscheidend für eine Partnerschaft ist. Doch genauso wie sich viele Paare das Leben eher schwer als leichter machen, ist Sexualität in länger dauernden Partnerschaften oft gar nicht mehr so selbstverständlich. Es berichten jedenfalls viele Paare, die unsere Paarberatung aufsuchen, dass ihre Sexualität fast völlig zum Erliegen gekommen ist. Allerdings ist das in den seltensten Fällen der Grund, dass sie sich Hilfe suchen. Viel häufiger kommen sie mit der Klage, dass der Partner zu wenig Verständnis hat und man ihm auch nicht mehr vertrauen kann. Gegenseitige Lebenserleichterungen und Sexualität werden zum Beginn von Partnerschaften – das ist ja häufig die Lebenssituation von Studenten – als selbstverständlich gesehen und nicht als wertvoll geschätzt. Dafür werden sie später, wenn sie in den Partnerbeziehungen verloren gegangen sind, nicht mehr vermisst. Das ist das Paradox heutiger Partnerschaftsvorstellungen, das dazu führt, dass das eigentlich Einfache am Ende als extrem schwierig empfunden wird.

Kleine, konkrete Schritte

Dass sich die Erwartungen oft so destruktiv und verkomplizierend auf die Partnerschaft auswirken, hat auch damit zu tun, dass sie zumeist sehr allgemeiner Natur sind und –

so möchte ich es nennen – die konkrete Verwirklichung scheuen. Ein allgemeiner Vorwurf wie: »Du hast kein Verständnis für mich.«, setzt den Partner zwangsläufig matt. Denn was soll er nun tun? Soll er das Gegenteil behaupten? Das wird nie überzeugen, denn das kann nur der Tat gelingen. Aber wie viele Taten braucht es, um einen grundsätzlichen Vorwurf zu entkräften?

In den Paarberatungen arbeiten wir daher lieber am konkreten Beispiel. Hier lässt sich erkennen, was wirklich möglich und umsetzbar ist. Und das ist – wie gesagt: im konkreten Beispiel – zumeist gar nicht so schwer.

So beschwerte sich beispielsweise ein Mann über seine Frau, dass er sich von ihr schlecht behandelt fühlt. Ermuntert durch eine gerade abgeschlossene Psychotherapie verkündete er, dass er sich jetzt von ihr nicht mehr so behandeln lassen möchte. »Ich möchte nicht mehr unglücklich sein!«, proklamierte er. Doch als ich ihn frage, was er sich von seiner Partnerin konkret wünscht, kommen zunächst auch wieder nur allgemeine Aussagen: »Nähe, Vertrauen, Zuwendung«. Meine Nachfrage, was er unter Zuwendung versteht, beantwortet er mit: »Dass wir nicht mehr so aneinander vorbei leben.« Natürlich sind solche Aussagen richtig. Wer möchte schon etwas dagegen sagen. Aber was bedeutet das nun genau?

Ich bitte ihn daher, eine Situation zu beschreiben, in der sich die gewünschte Zuwendung realisieren lässt. Das fällt ihm sichtlich schwer. Mit meiner Hilfe entwickelt er ein gemeinsames Abendbrot auf dem Balkon, bei dem sich beide Zeit füreinander nehmen, voneinander berichten und sich zuhören. Während er dieses Bild entwirft, schweift er immer wieder ab. Obwohl das Szenario für einen Außenstehenden gar nicht so schwierig scheinen mag, ist die

Entwicklung eines solchen konkreten Beispiels für gegenseitige Zuwendung gerade für uns Berater harte Arbeit. Noch bis zum Schluss meint er, dass es sich ja nur um ein Beispiel handele und die Defizite viel grundsätzlicher wären. Trotzdem vereinbaren wir als Hausaufgabe, dass er mit seiner Partnerin – die anwesend war und Bereitschaft zeigte, den Abend mit ihm so zu verleben, wie er es sich wünscht – den beschriebenen Abend Wirklichkeit werden zu lassen.

Es werden in der Erwartung, dass viel mehr viel besser werden müsse, häufig die konkreten Möglichkeiten ausgeschlagen. Der erste und zugegebenermaßen auch kleine Schritt wird verschmäht, weil man gleich einen großen Sprung absolvieren möchte. Doch genau das kann nicht funktionieren. Erstens wäre es eine Überforderung, aus einer unbefriedigenden Partnerschaft ganz schnell eine glückliche werden zu lassen, und zweitens gibt es eben auch keine glückliche Partnerschaft. Das ist eine illusorische Vorstellung, die letztendlich scheitern muss. Glücklich sind allenfalls die konkreten Begegnungen. Eine Partnerschaft in Gänze kann nicht glücklich sein. Denn natürlich gibt es immer wieder Situationen, in denen man sich selbst und den anderen nicht leiden kann oder in denen es kein Miteinander gibt. Das ist normal. Daher sollte man mehr darauf schauen, was gelingt – und das ist in aller Regel viel einfacher und schlichter, aber zugleich viel realistischer und schöner, als wir glauben und es unsere übergroßen Erwartungen zulassen. Die gilt es zu bändigen.

Zwei Leben in einer Partnerschaft

Zu den übergroßen Erwartungen, die eine Partnerschaft belasten können, gehört die Vorstellung von ungefragter, selbstverständlicher Verbundenheit zwischen beiden Partnern. Auch hier stoßen wir wieder auf das Phänomen, dass sicher fast jeder Mensch in einem Gespräch Eigenständigkeit als zentrale Voraussetzung für eine gute Partnerschaft bejahen wird, zugleich aber oftmals ein stilles und heimliches Gift wirkt: »Ich möchte, dass wir füreinander da sind.« Es ist das Gift der leisen Sehnsüchte, die im Alltag in der Tiefe der Seele schlummern, aber in Zeiten von Bedürftigkeit heraufgespült werden. Und wenn sich dann der Partner nicht so wie gewünscht zuwendet, wenn er vielleicht mit eigenen Problemen zu tun hat oder auch nur in einer anderen Stimmung ist, ist die Enttäuschung groß. »Ich will doch nur, dass du mich mal in den Arm nimmst.«, »Ich will doch nur, dass du mir mal zuhörst.« So oder so ähnlich könnte sich die Enttäuschung ausdrücken.

Es ist auch nicht falsch, sich das zu wünschen. Es ist gut, wenn eine Partnerschaft es ermöglicht, sich gegenseitig in der Not beizustehen. Aber wir müssen zwischen einer Erwartung und einem Wunsch differenzieren. Wir können uns faktisch alles vom Partner wünschen, aber wir sollten eher wenig erwarten. Vor allem sollten wir für das, was sich in der Partnerschaft ereignen soll, selbst Verantwortung übernehmen.

Wir stoßen hier auf eine Tatsache menschlichen Lebens, die in der Theorie wieder sehr selbstverständlich scheint, deren Schwierigkeiten aber in der konkreten Praxis liegen:

Jeder lebt sein Leben. Wie nah, vertraut und lieb sich zwei Menschen auch sein mögen – es bleibt immer eine unüberbrückbare Trennlinie zwischen ihnen. Man mag das bedauern, es mag auch immer einmal wieder wehtun. Aber es lässt sich nicht ändern. Und das Leid, das man sich in einer Partnerschaft (gegenseitig, vor allem aber sich selbst!) antun kann, besteht nicht darin, dass sich der eine oder andere Wunsch nicht erfüllt, sondern dass man an Erwartungen und Vorstellungen festhält, die sich nicht erfüllen *können*.

Die illusorischen Vorstellungen können in zwei Richtungen gehen. Zum einen soll der Partner etwas für mich tun, zum anderen soll er etwas annehmen, was ich für ihn tue. Für beides gibt es jedoch kein Recht. Weder kann ich erwarten, dass ein anderer Mensch für mich da ist, noch, dass er meine Zuwendung anerkennt. Und um es ganz deutlich zu sagen: Natürlich ist es schön, wenn ein Mensch das Bedürfnis nach Zuwendung hat und der andere sie ihm gibt. Es gibt nichts, aber auch gar nichts dagegen einzuwenden. Aber niemand hat einen Anspruch darauf, dass das geschieht. Eine Partnerschaft sollte nicht davon abhängen, dass sich in konkreten Situationen Wünsche nach Verbundenheit erfüllen. Ein Partnerschaftsprojekt verkompliziert sich ungemein, wenn der Partner daran gemessen wird, was er alles nicht tut. Vielmehr sollte der Blick umkehren und auf das richten, was alles geschieht und was er für die Partnerschaft tut.

Das hat nichts mit sogenanntem »positiven Denken« gemein. Es geht nicht darum, sich die Welt besser vorzustellen, als sie in Wirklichkeit ist. Es geht vielmehr um die Anerkenntnis, dass beide Partner grundsätzlich getrennte Menschen sind, eigenständig und mit eigenen

Interessen behaftet. Unter diesen Voraussetzungen ist es eher bemerkens- und lobenswert, wenn sich zwei Menschen immer einmal wieder begegnen, sich helfen, sich guttun.

Erst mit der Anerkenntnis der grundsätzlichen Unterschiedenheit beider Partner lässt sich eine Partnerschaft überhaupt sinnvoll gestalten. Jeder ist genötigt, sich im konkreten Alltag auf sich und sein Leben zu besinnen, in der Partnerschaft eigenständig zu leben und nicht permanent darauf zu achten, was der andere tut. Das ist vermutlich der schwierigste Teil einer Partnerschaft überhaupt. Denn es geht – wie es der amerikanische Paartherapeut David Schnarch beschreibt – darum, in einem lebendigen Miteinander zweier Menschen, das auf Übereinstimmung ausgelegt ist, eine stabile Selbstständigkeit zu bewahren und beständig Verantwortung für sich und sein Leben zu übernehmen. Und das gilt selbst dann, wenn der eine Partner in Not ist und den anderen »eigentlich« braucht. Das gilt ebenso, wenn der eine helfen möchte und dieser es aber nicht annehmen kann. Sich vom anderen nicht in dessen Gefühlswelten hineinziehen zu lassen, aber ihn auch selbst nicht in die eigenen hineinzuziehen, ist eine wichtige Voraussetzung für eine gelingende Partnerschaft.

Und mit »Voraussetzung« meine ich wirklich »Voraussetzung« und nicht »notwendiges Übel«. Der Grund, warum Eigenständigkeit die Voraussetzung ist, aus der heraus Partnerschaft überhaupt erst gelingen kann, liegt im endlosen Verkomplizieren, das eintritt, wenn man etwas erwartet, was es nicht gibt: die *selbstverständliche* Verbundenheit. Wenn dann mit allen Vorwürfen, Manipulationen und sonstigen Tricks versucht wird, den anderen in die

Übereinstimmung zu zwingen oder wenn, wie es eben auch oft geschieht, resignativ und in Verbitterung nicht das umgesetzt wird, was möglich ist, wird Partnerschaft wirklich schwierig. Man versucht, etwas zu erreichen, was nicht geht. Und das ruft zwangsläufig Unzufriedenheit und gar Leid hervor. Die eigene Eigenständigkeit, aber auch die Akzeptanz der Andersartigkeit des anderen ist die Grundvoraussetzung dafür, dass eine Partnerschaft wirklich eine Partnerschaft ist.

Es geht dabei keinesfalls um Egoismus. Eigenständigkeit ist nur dann wirkliche Eigenständigkeit, wenn sie sich nicht gegen den anderen richtet. Egoismus ist nur eine andere Art der Abhängigkeit, der es um die Abgrenzung vom und die Übervorteilung des anderen geht. Demgegenüber bedeutet Eigenständigkeit in der Partnerschaft, den anderen in seiner Eigenart lassen zu können und ihm so Respekt zu erweisen. Eigenständigkeit ist somit die Voraussetzung dafür, nicht – oder zumindest weniger – egoistisch zu handeln. Dagegen ist die oft in Partnerschaften erwartete, selbstverständliche Verbundenheit egoistisch. Denn man möchte, dass sich der andere den eigenen Vorstellungen anpasst.

Vertikale Differenzierung

Soll eine Partnerschaft gelingen, gilt es, die immer bestehende, unaufhebbare Differenz zwischen sich und dem Partner wahrzunehmen und anzuerkennen. Es ist unbedingt notwendig, innerhalb der Partnerschaft diese Differenzierungsleistung zu erbringen. Ich möchte sie die

»horizontale Differenzierung« nennen, denn sie meint die Ebene zwischen den beiden, grundsätzlich gleichberechtigten, erwachsenen Partnern.

Neben der horizontalen gibt es jedoch auch eine »vertikale Differenzierung«. Und sie ist eine ebenso wichtige Voraussetzung für das Gelingen einer Partnerschaft. Hierunter verstehe ich das unterscheidende Verstehen der eigenen Gefühle und Impulse. Es geht um eine Differenzierung in sich.

Was unter »vertikaler Differenzierung« zu verstehen ist, bedarf einer Erläuterung, die ihren Ausgangspunkt nicht im erwachsenen Leben, schon gar nicht in der Partnerschaft nimmt, sondern in der Sozialisation, also dem Heranwachsen eines Menschen.

Ein Kind trifft, wenn es geboren wird, auf eine Welt, die auf das Kind einwirkt und in der es lernen muss, sich zu verhalten. Vermittelt wird diese Welt zu Beginn, also bereits während der Schwangerschaft, durch die Mutter, dann tritt der Vater hinzu. Und die Kreise werden immer weiter, die Einflüsse somit komplexer und vielschichtiger. Allerdings muss bei aller Anerkenntnis späterer Einflüsse den Eltern eine besondere Bedeutung zuerkannt werden. Denn sie sind die ersten und die natürlichen Bezugspersonen. Auf sie ist ein Kind vollkommen angewiesen. Selbstverständlich leben die Eltern nicht im luftleeren Raum und unterliegen ihrerseits zahlreichen Einflüssen, die durch sie auch auf das Kind wirken. Doch vor allem durch die Eltern erhält ein Kind die grundlegende Prägung, lernt es die Welt zu verstehen und sich in ihr zu verhalten. Dies wird später und eigentlich bis zum Lebensende immer auch modifiziert, manche Erfahrungen werden abgeschwächt oder verstärkt. Doch in den ersten Lebensjahren, die in besonderer Weise von den familiären Bedingungen geprägt sind, entwickelt sich das, was wir »die Persönlichkeit eines Menschen« nennen. Der Psychoanalytiker Wilhelm Reich nannte es den »Charakter«, der keinesfalls angeboren ist. Und wir wissen, dass sich später noch so manches im Leben verändern kann, aber seinen Charakter, seine ganz eigene Persönlichkeit behält ein Mensch bis zum Tod.

Interessanterweise – und das sei nur als ein Einschub vermerkt – vermag es auch keine Psychotherapie, den Charakter bzw. die Persönlichkeit eines Menschen zu verändern. Modifizierungen gibt es natürlich, aber es handelt sich dann eher um die Art und Weise, wie man seine Persönlichkeit in das soziale Leben einbringt und konstruktiv oder destruktiv für sich nutzt.

Den Eltern, ihrem Verhalten dem Kind gegenüber, aber auch ihrem Zusammenleben, der familiären Atmosphäre, des Mit- oder des Gegeneinanders kommt so eine besondere Bedeutung zu. Ein Kind erfährt, wie gewünscht oder unerwünscht es ist, es lernt, was es von anderen erwarten kann, wie seinen eigenen Bedürfnissen entsprochen wird, wie es den Erwartungen der Eltern (und in der ersten Zeit – Schwangerschaft, Stillzeit – vor allem den Erwartungen der Mutter) entsprechen soll, was es bekommt und was es nicht bekommt ... Und natürlich wünschen sich die weitaus meisten Eltern das Beste für ihr Kind und rückblickend wünscht sich jeder, selbst das Beste bekommen zu haben.

Hier treffen wir jedoch auf eine wesentliche Schwierigkeit, die im menschlichen Leben selbst begründet und damit unaufhebbar ist: die Grenzen, die jeder Mensch hat. Alle Mütter, alle Väter sind in dem, was sie ihrem Kind an

Liebe, Aufmerksamkeit und Zuwendung geben können, begrenzt. Jeder gibt seinem Kind Gutes und Wichtiges auf den Lebensweg mit, aber manches, was im wortwörtlichen Sinn notwendig gewesen wäre, bleibt dem Kind versagt. Und auch wenn sich das von Mutter zu Mutter und von Vater zu Vater unterschiedlich gestaltet, gibt es doch niemanden, der nicht auch Defizite, Verletzungen und Nöte aus seiner Kindheit kennt. Das ist einfach so.

Es ist hier nicht von Schuld zu sprechen, weil Eltern selten ihren Kindern wirklich schaden wollen. Aber es sollte – wie ich es eben auch oft höre – nicht sofort in das Verständnis für die Eltern gegangen werden. Es geht bei dieser Betrachtung ausschließlich darum, dass Kinder beim Heranwachsen Fähigkeiten, Kompetenzen und Chancen für ihr weiteres Leben mitbekommen und zugleich Begrenzungen erfahren, seelische Verletzungen erleiden und eigentlich vorhandene Möglichkeiten nicht ausbilden konnten.

Das Problem liegt jedoch nicht bei dieser, letztlich unveränderbaren Tatsache der Begrenzung. Es ist vielmehr deren Leugnung, die im weiteren Leben unheilvoll wirkt. Hans-Joachim Maaz beschreibt dies als »Lilithkomplex« und macht darauf aufmerksam, dass nicht die Nöte an sich das Leben verderben, sondern der Glaube, man hätte sie nicht. Die häufig anzutreffende Verklärung der Kindheit als nur schön und glücklich, ist in Beratungen und Therapien als Warnsignal zu verstehen: Je ungetrübter eine Kindheit dargestellt wird, desto größer scheint die Notwendigkeit zu sein, die unangenehmen, verletzenden, deprimierenden Erfahrungen zu verdrängen. Wenn dagegen die Verletzungen der Kindheit ebenso realistisch benannt werden können wie das Gute, dann besteht eine viel bessere Möglichkeit, aus dem, was man kann und hat, und dem, was man eben nicht kann und hat, das Beste zu machen. Leben ist mit einem realistischen Blick deutlich angenehmer – was sich dann auch in der Partnerschaft zeigt. Von einer »guten Kindheit« lässt sich also sprechen, wenn Eltern zu ihrer Begrenzung stehen und die Nöte ihren Kindern nicht ausreden wollen.

Die Erläuterungen zur Kindheit sind deswegen für unser Thema wichtig, weil sie die Notwendigkeit vertikaler Differenzierung für die Partnerschaft verdeutlichen. Denn Vieles von dem, was an Sehnsüchten und übergroßen Erwartungen das Partnerschaftsleben verkompliziert und manchmal gänzlich unmöglich zu machen scheint, hat seinen Ausgangspunkt in den Kindheitserfahrungen. Die dort unerfüllt gebliebenen Sehnsüchte wirken ebenso in die erwachsene Partnerschaft hinein wie der Wunsch, von tiefsitzenden seelischen Verletzungen geheilt zu werden. Wenn jemand sich beispielsweise innig wünscht, dass »ein anderer ganz für mich da ist«, dann spricht aus diesem Satz ein Kind, das dies einstmals vermisst hat. Ein sehr kleines Kind hat den berechtigten Anspruch, dass jemand ganz für es da ist, sich um es kümmert und tröstet, wenn es traurig ist. Leider aber machen bereits viele Babys die Erfahrung, dass sie in ihren Nöten oft nicht verstanden werden, dass sie damit allein sind. Und da ich selbst Vater bin, muss auch ich zugestehen, dass es für mich nicht immer möglich war, meine Kinder mit ihren Empfindungen ausreichend zu verstehen und offen für sie zu sein.

Es gibt für jeden von uns zahlreiche unerfüllte Bedürfnisse, Sehnsüchte und Verletzungen, die wir mit hinein in die Partnerschaft nehmen. Das lässt sich nicht ändern –

schon gar nicht durch Verleugnung. Aber wir sind eben auch aufgefordert, diese »Kindheitsgeschichten« als solche zu identifizieren und nun im erwachsenen Leben Verantwortung dafür zu übernehmen.

Mit Identifizierung ist das gemeint, was ich als »vertikale Differenzierung« bezeichne. Jeder muss sich in der Partnerschaft prüfen, ob die Erwartungen an den Partner der »erwachsenen« oder der »kindlichen« Seele entspringen. Wenn es beispielsweise für einen Menschen von großer Wichtigkeit ist, dem anderen vertrauen zu können, und er – wie ich es bereits beschrieb – nicht darauf vertraut, dass Vertrauen in einer Partnerschaft wächst. Er möchte es vielmehr zum Gesetz erheben, dass sich der andere vertrauenswürdig verhält. Dann spricht aus dieser Erwartung das Kind, dass nicht wusste, ob es seiner Umgebung wirklich vertrauen kann (beispielsweise, weil ihm Familientatsachen aus vermeintlicher Rücksicht auf sein Alter nicht mitgeteilt wurden – denken Sie nur an Konflikte der Eltern). Oder wenn sich ein Partner beim anderen beklagt, dass dieser ihn nicht verstehen würde, dann spricht daraus in aller Regel die Kinheitserfahrung des Unverstandenseins.

Es muss davon ausgegangen werden, dass all die bereits angesprochenen übergroßen Erwartungen an eine Partnerschaft dem Wunsch entspringen, Kindheitssehnsüchte und -verletzungen geheilt zu bekommen. Diese Erkenntnis verdeutlicht auch, warum Partnerschaften oftmals als so kompliziert empfunden werden. Es sind jedoch nicht die Partnerschaften selbst, sondern unsere »Kinderseelen«, die es so schwierig machen. Denn wie sollte ein Partner das geben können, was schon die Eltern nicht konnten – vor allem, wenn er selbst bedürftig ist und seine eigenen kindlichen Erwartungen in die Beziehung hineinträgt.

Eine erwachsene Partnerschaft ist demgegenüber durch die beschriebenen Grundlagen gekennzeichnet: Lebenserleichterungen, Sexualität und Wohlwollen. Die in dieser Aufzählung enthaltene Nüchternheit ist ein Ausdruck dafür, dass sie nicht mit Sehnsüchten und Träumen angereichert ist, die in der Konsequenz nur Enttäuschungen bringen müssen. Denn im erwachsenen Leben lassen sich Kindheitsdefizite nicht mehr heilen.

Eigenverantwortung

Grundsätzlich also muss es den Partner überfordern, wenn kindliche Sehnsüchte, Verletzungen und Defizite in die Partnerschaft getragen werden und dort deren Erfüllung bzw. Heilung erwartet wird. Es öffnet sich ein Fass ohne Boden, das nicht zu füllen ist. Wohl aber lassen sich gerade in einer Partnerschaft die alten Verletzungen pflegen. Doch dafür muss jeder für sich selbst die Verantwortung übernehmen!

Wenn an sich kindliche Bedürfnisse punktuell und bewusst in der Partnerschaft leben können, dann kann dies eine gute Hilfe sein und emotionale Entlastung bringen. Es bedarf jedoch einer zeitlichen Strukturierung, vor allem aber der klaren Äußerung des Wunsches. Das kann beispielsweise so aussehen: »Ich bin gerade so traurig. Kannst du mal eine halbe Stunde für mich da sein, mir zuhören und mich in den Arm nehmen?«

Solch eine Äußerung macht es dem Partner überhaupt erst möglich, sich angemessen zuzuwenden. Er muss nicht erraten, was der andere jetzt braucht, er weiß, was gewünscht wird. Zudem macht die Zeitangabe deutlich, dass die gewünschte Zuwendung nicht endlos erfolgen soll, sondern begrenzt ist. Das entlastet den Gebenden und er kann leichter prüfen, ob es ihm gerade möglich ist, sich dem Partner zuzuwenden (er ist vielleicht selbst mit seinem Tag beschäftigt). Vor allem aber wird durch eine solche Äußerung die Verantwortung für das eigene Empfinden bei sich belassen und nicht dem Partner zugeschoben. Es ist die eigene Seele, die bedürftig ist. Der Partner ist nicht dafür verantwortlich – weder für ihre Entstehung noch für ihre Befriedigung. Er kann helfen und dafür ist eine Partnerschaft auch gut. Aber das ist im Zusammenleben zweier eigenständiger, erwachsener Menschen eben nicht immer möglich.

Daher birgt solch eine klare Äußerung eines Wunsches immer auch die Gefahr der Ablehnung. Die mag schwer auszuhalten sein, weil man doch gerade zu diesem Zeitpunkt besonders bedürftig ist. Aber was ist die Alternative? Still zu hoffen, dass der andere schon mitbekommt, was man braucht?

Dass sich solche stillen Hoffnungen öfter nicht erfüllen, als dass sie befriedigt werden, weiß jeder aus seinem eigenen Leben. Die Chance, bei einer deutlichen Äußerung seinen Wunsch erfüllt zu bekommen, ist letztlich viel größer, als bei schweigender, stiller Hoffnung. Doch selbstverständlich erfordert das die Bereitschaft, eine eventuell erfolgende Zurückweisung hinzunehmen und nicht dem anderen mangelnde Liebe vorzuwerfen. Bei genauer Betrachtung ist ja selbst die Empfindung, durch die Zurückweisung des Wunsches verletzt zu werden, auf frühe Erfahrungen zurückzuführen. Ein Wunsch zwischen zwei Erwachsenen muss immer auch die Akzeptanz der Nichterfüllung beinhalten. Es geht dabei nicht um Grundsätzliches. Eine Nichterfüllung besitzt keine existenzielle Dimension – ganz im Gegenteil zur Erfahrungswelt eines Babys.

Bei all dem ist es von entscheidender Bedeutung, die eigenen Kindheitsmuster zu erkunden. Nur wer sich selbst bewusst ist, was er an Verletzungen und Sehnsüchten mit sich herumträgt und somit zwangsläufig in die Partnerschaft mitbringt, wird in der Lage sein, das Miteinander von überzogenen Erwartungen freizuhalten. Natürlich geht es bei der Erforschung der Kindheit nicht nur um die Begrenzungen, sondern auch um die eigenen Möglichkeiten und Kompetenzen. Aber die sind in einer Partnerschaft selten das Problem. Höchstens, dass sie oftmals von sich selbst oder vom Partner als selbstverständlich hingenommen werden, was auch nicht gut ist. Doch vordringlich ist die Selbsterkenntnis eigener Verletzungen und Nöte. Denn sie sind es, die eine Partnerschaft unnötig und vor allem völlig sinnlos verkomplizieren, wenn sie unbewusst in das Zusammenleben hineingetragen werden und deren Heilung vom Partner erwartet wird.

»Passneurose«

Wer dieses Prinzip einmal verstanden hat, wird eigentlich nicht mehr streiten können – zumindest nicht in einer grundsätzlichen Weise. Sicher ist es normal, dass immer wieder einmal der Gedanke aufkommt, man habe einen besseren Partner verdient. Auszuschließen ist es auch nie völlig, dass dieses Gefühl stimmt. Aber dann sollte man erst recht nicht streiten. Denn dadurch wird der Partner nicht besser. In diesem Fall hilft es wirklich nur, sich zu trennen und einen besseren Partner zu suchen.

Aber natürlich ist Vorsicht geboten. Denn: Hat man wirklich einen besseren Partner verdient? Das ist real sehr selten der Fall, erst recht, wenn man schon eine Weile miteinander in Partnerschaft lebt. Zumeist passt es doch recht gut. Dies allerdings nicht nur im positiven Sinn, sondern auch in den Begrenzungen. Es sind unbewusste Prozesse, die in fast allen Fällen gleichwertige Partner zueinander finden lassen. Der Paartherapeut Jürg Willi spricht beispielsweise von einer »Gleichwertigkeitsbalance«, von der Partnerschaften bestimmt sind. Zwar übernimmt oftmals der eine Partner den regressiven Part, fällt also schnell in kindliche Verhaltensweisen zurück, während der andere den scheinbar selbstbestimmteren Teil in der Partnerschaft übernimmt. Doch auch bei ihm werden die eigenen Schwächen nur hinter einer Fassade scheinbar erwachsenen Handelns versteckt. Und dies wird gerade dadurch möglich, weil der andere so kindlich ist.

In den meisten und faktisch allen langandauernden Partnerschaften sind die Partner in ihrer Persönlichkeit gleichwertig und oft auch durch ähnliche Grundthemen bestimmt. Jürg Willi beschreibt dieses unbewusste Suchen und Finden des passenden Partners und die Entwicklung eines gemeinsamen partnerschaftlichen Lebens als »Kollusion« (Zusammenspiel). Ein Bauarbeiter, mit dem ich mich einmal unterhielt, brachte diesen Fakt noch etwas anschaulicher auf den Punkt: »Zwei Menschen finden sich, weil sie zueinander passen. Das müssen die gar nicht mal so mitkriegen. Das nennt man ›Passneurose‹.« Und auch wenn mir dieser Begriff in der Fachliteratur noch nie begegnet ist, bringt er doch recht gut zum Ausdruck, worum es geht.

Die Problematik, vor der man steht, wenn man einmal wieder das Gefühl hat, man habe einen besseren Partner verdient, ist demnach nicht der Partner, sondern man selbst. Der Partner ist der Spiegel der eigenen Schwächen und Grenzen. *Und das ist der eigentliche Schmerz einer Partnerschaft: dass man in den Grenzen des anderen die eigenen Grenzen erkennt.* Der Ärger, der einen erfasst, weil der Partner sich mal wieder nicht so verhält, wie es richtig erscheint, dieser Ärger lenkt vor allem davon ab, dass man selbst nicht besser ist. Umgekehrt lässt sich sagen, dass dies der einzig wirkliche Grund ist, keine Partnerschaft einzugehen. Denn in einer Partnerschaft wird man zwangsläufig an genau diesen Punkt geführt, der mit *den eigenen Grenzen* konfrontiert und damit weh tun kann.

Nirgends wird man so sehr an die eigenen Begrenzungen geführt wie in einer Partnerschaft. Zwangsläufig wird man mit all dem konfrontiert, was man alles nicht kann, mit dem eigenen Unvermögen bis hin zur Erbärmlichkeit. Um dem zu entgehen, gibt es zwei Wege: Den anderen für all das eigene Unglück verantwortlich machen: »Wenn du dich endlich einmal ändern würdest, wäre ich glücklich.« Diesen Weg gehen übrigens nicht nur die, die am Partner herummeckern und ihn permanent ändern wollen. Ihn gehen auch die Resignativen, die ihren Ärger herunterschlucken und nachts von der besseren Frau oder dem besseren Mann träumen. Auch sie kommen nicht bei der Erkenntnis der eigenen Begrenzung an.

Der zweite Weg, dem Schmerz der Partnerschaft zu entgehen, ist deren Vermeidung. Es lässt sich dann schön darüber schimpfen, dass man nicht »den Richtigen« findet, man würde doch so gern eine Partnerschaft führen. Doch solches Reden verdeckt in aller Regel, dass die vielen möglichen »Richtigen« nicht als solche erkannt oder akzeptiert werden. Denn das würde die Akzeptanz der eigenen begrenzten Möglichkeiten bedeuten. Da bleibt man doch lieber allein, schimpft auf die Männer oder Frauen herum, »mit denen es gar nicht geht«, und findet, dass Partnerschaft heutzutage und überhaupt viel zu kompliziert sei.

Das »50 zu 50 und 100 zu 100«-Paradox

Durch eine Partnerschaft auf die eigenen Grenzen gestoßen zu werden, ist unvermeidlich. Je mehr man sich auf einen anderen Menschen einlässt und sein Herz öffnet, desto stärker wird man damit konfrontiert, was die eigenen Stärken, vor allem aber die eigenen Schwächen sind. Dabei sind die Stärken und Schwächen selbst sehr selten das Problem. Es geht mehr um das Nichtwahrhabenwollen, um die mangelnde Akzeptanz eigener Begrenzungen und Nöte. *Das* macht das Zusammenleben schwierig. Denn so wird gern der andere für Probleme und Schwierigkeiten verantwortlich gemacht. Der Ausweg besteht darin, sich selbst besser kennenzulernen, die eigenen Möglichkeiten und Begrenzungen zu akzeptieren und für sie Verantwortung in der Partnerschaft zu übernehmen. Dann ist Partnerschaft eine recht einfache Angelegenheit.

Die vollständige Übernahme der eigenen Verantwortung auch in einer Partnerschaft ist von entscheidender

Bedeutung. Dabei geht es jedoch nicht nur darum, sich seinen eigenen Anteil an den bestehenden Schwierigkeiten einzugestehen. Es ist ebenso wichtig, die Partnerschaft auf gute und eigenständige Weise zu gestalten. Die eigenen Möglichkeiten sind dabei größer als viele glauben. Das ist eines der erstaunlichsten Erkenntnisse, die eine Paarberatung oder Paartherapie eröffnen kann. Ich nenne es das »50 zu 50 und 100 zu 100«-Paradox: In fast allen Situationen tragen beide Beteiligte bei der Verursachung von Problemen in der Partnerschaft den gleichen Anteil. Es wird dann gern davon gesprochen, dass beide jeweils fünfzig Prozent der Schuld tragen. Aber wenn wir akzeptieren, dass das Problem nicht die Partnerschaft ist, sondern die Art und Weise, wie jeder sich in die Partnerschaft einbringt und seine Verantwortung übernimmt, dann besitzt auch jeder die vollständige Möglichkeit, die konkreten Probleme zu beseitigen. Jeder hat also zu einhundert Prozent die Chance, die Situation zu ändern. Jeder ist Mitverursacher von Problemen in der Partnerschaft und jeder kann diese Probleme beseitigen.

Wenn – um ein beliebiges Beispiel herauszugreifen – einer von beiden den Hochzeitstag alljährlich verpasst und keine Überraschung bereitet oder eine kleine Aufmerksamkeit schenkt, dann könnte dies die eine Hälfte des Problems. Die andere Hälfte besteht darin, dass der andere sich über diese Ignoranz ärgert und einen Streit vom Zaune bricht. Und nehmen wir an, dass dieser Konflikt über mehrere Jahre bestehen bleibt, oft beiseitegeschoben wird, aber alljährlich wieder aufbricht. Dann gibt es für denjenigen, der sich immer wieder über das Verhalten des Partners ärgert, drei Möglichkeiten: Erstens er ärgert sich weiter und macht sein unglückliches Partnerschaftsgefühl an dieser Situation fest. Zweitens, er stellt dem Partner die Bedingung, dass dies künftig nicht mehr passieren darf, sonst würde er sich trennen. Und drittens, er akzeptiert diese Unaufmerksamkeit, nimmt sie hin, akzeptiert sie und ärgert sich künftig nicht mehr.

Die erste Variante ist bei vielen Paaren üblich, aber sie ist der schlechteste Weg. Denn sie führt die Partnerschaft keinen Schritt weiter. Es können endlose Beschwerden und Streitereien folgen, ohne dass eine Entspannung der Situation eintritt. Die Partnerschaft könnte sich so mit der Zeit vergiften.

Die zweite Variante ist die konsequenteste. In ihr wird ein Ultimatum gesetzt und die Trennung bei Nicht-einhaltung angedroht. Das ist immer möglich, erfordert jedoch ein wirklich ernst gemeintes Ultimatum.

Wenn die Drohung nur so dahingesagt wird (etwa: »Wenn Du so weitermachst, trenne ich mich noch mal von dir.«), bringt sie meistens nichts. Zwar mag sich dann der Partner schlecht fühlen und Besserung geloben. Aber in aller Regel geraten solche Vorsätze schnell in Vergessenheit. Erst die Ernsthaftigkeit einer Trennungsandrohung zwingt den Partner zur Entscheidung. Dabei ist grundsätzlich beides möglich: die Änderung des bisherigen Verhaltens und damit die Entspannung der Situation oder die Beendigung der Partnerschaft und damit die Entspannung der Situation.

Es ist selbstverständlich, dass solche Ultimaten nur für wirklich wichtige Probleme eingesetzt werden sollten – und zwar für die, die im eigenen Empfinden *über* der Partnerschaft stehen. Das mag für Außenstehende manchmal schwer nachzuvollziehen sein. Ich kenne beispielsweise einen Mann, dessen Frau immer »Psst« gesagt hat, wenn er ihrer Meinung nach etwas lauter wurde. Da er solch eine Reglementierung aus seiner Kindheit kannte, konnte er schlecht damit umgehen. Irgendwann reichte es ihm. Er wollte keine Partnerschaft führen, in der er immer wieder ein »Psst« zu hören bekam. Er sagte also seiner Frau, dass er sich von ihr trennen wird, wenn sie noch ein einziges Mal »Psst« zu ihm sagt. Die Frau hat es daraufhin gelassen und die beiden sind immer noch ein Paar. Aber auch wenn das in diesem Fall gut ging, kann man sich darauf nicht verlassen. Nur weil es dieser Mann ernst meinte und er bereit war, sich notfalls zu trennen, war seine Frau genötigt, dieses konkrete Verhalten zu ändern – oder die Konsequenz zu tragen.

Selbstverständlich könnte das ein zu hoher Preis sein. Beide Beispiele, also das Vergessen des Hochzeitstages und das »Psst«, mögen von außen betrachtet harmlos erscheinen. Für solch eine Bagatelle die Partnerschaft aufs Spiel zu setzen, ist bestimmt nicht jedermanns Sache. Und selbstverständlich stehen die beschriebenen Konsequenzen am Ende eines längeren Weges. Meistens wird mit einer einfachen Bitte oder einer harmlosen Beschwerde begonnen – und oftmals reicht das auch. Jedes Paar wird zahlreiche Beispiele kennen, in denen Konflikte auf unspektakuläre Weise geklärt wurden. Ich spreche also hier von den Konflikten, die über längere Zeit bestehen und zunehmend grundsätzliche Bedeutung für das Paar erlangen. Und auch bei denen ist niemand genötigt, seinem Partner ein Ultimatum zu stellen. Es geht um die Bedeutung, die solch ein Konflikt für das eigene Wohlbefinden hat. Ist dieser Konflikt so entscheidend für das eigene Leben, dass dessen Lösung über der der Partnerschaft steht – vielleicht weil eine Nichtbeseitigung zunehmend quälend wird – dann sollte dies in der beschriebenen Weise für das Fortbestehen des Miteinanders zur Bedingung gemacht werden. Wenn dem jedoch nicht so ist, sollten die Trennungsandrohungen gelassen werden. Entscheidet man sich, das Problem als nicht so wichtig anzusehen, dass dafür die Partnerschaft infrage gestellt werden müsste, dann muss das Problem beiseitegelegt werden – ohne Wenn und Aber. Dann sollte auch nicht mehr darüber gestritten werden. In diesem Fall ist es hinzunehmen, dass der Partner den Hochzeitstag vergisst. Es hat keine entscheidende Bedeutung. Bestenfalls nutzt man diese Marotte des Partners, um ihn selbst zu überraschen und somit die Partnerschaft zu verschönen. Das ist erwachsene Partnerschaft.

In Paarberatungen nutzen wir das »50 zu 50 und 100 zu 100«-Paradox, indem wir uns in manch einer Stunde einem der beiden Partner zuwenden. Der andere ist dann vor allem Zeuge – insbesondere, wenn wir die Gründe für bestimmte Haltungen und Erwartungen in der Kindheit erforschen. Das macht beiden Ratsuchenden sehr schnell deutlich, wie sehr jeder für sich die bestehende Problematik provoziert. Zugleich aber zeigt sich auch, dass in den seltensten Fällen wirklich böse Absicht dahintersteckt. Es sind eben Verletzungen, Sehnsüchte, Erwartungen, die in der Lebensgeschichte entstanden und mitgebracht wurden.

Manchmal kann der Beratungsprozess sogar dazu führen, dass wir die Paarberatung erst einmal beenden und als Einzelberatungen weiterführen. Erst wenn diese die jeweils eigenen Prozesse vorangebracht haben, kann es irgendwann wieder sinnvoll sein, die Paarberatung fortzusetzen. Bei ihr geht es dann eigentlich nur darum,

Absprachen zu treffen, die die Lebenserleichterungen und die Sexualität befördern und das gegenseitige Wohlwollen sichern. Es ist wieder die erwachsene, nüchterne Ebene erreicht.

Die Illusion des schönen Anfangs

An dieser Stelle möchte ich auf eine »Partnerschaftsfalle« aufmerksam machen. Diese besteht darin, dass es zu Beginn einer Partnerschaft sehr gut läuft. Damit nährt sich vielleicht die Illusion, die Sehnsüchte nach Verständnis, Vertrauen und Verbundenheit könnten sich doch erfüllen. Es mag manche geben, die beim Lesen des Buches sagen: »So nüchtern ist es bei uns aber nicht. Wir leben in einer glücklichen Partnerschaft.« Oder: »Ich bin mir sicher, endlich den Richtigen getroffen zu haben.«

Und sicher gibt es auch Menschen, die besser oder schlechter zu einem passen. Aber es ist auch hier Vorsicht geboten. Wenn einer besser zu passen scheint, ist er dann wirklich besser für mich? Zumindest kenne ich zahlreiche Paare, die anfänglich richtig gut gestartet sind. Sie verstanden sich ausgezeichnet, die Harmonie war groß und das Paar schien glücklich. Aber mit den Monaten und Jahren verlor sich diese Eintracht. Die Partner wurden sich gleichgültig oder hegten still und manchmal offen Groll gegeneinander.

Je besser eine Partnerschaft anfänglich verläuft, desto größer ist die Gefahr, dass verstärkt Illusionen reifen. Und die bestehen darin, dass durch den vermeintlich »richtigen Partner« Verständnis, Vertrauen, Verbundenheit einfach da sind. Das aber kann so nicht sein. Verständnis, Vertrauen und Verbundenheit müssen erst wachsen. Das vielleicht am Anfang des Zusammenseins herrschende Gefühl, all das sei bereits da, entspringt dem Verliebtsein und ist der Bemühung geschuldet, sich dem anderen von der besten Seite zu zeigen. Doch die Partnerschaft beginnt erst wirklich, wenn die Phase des Verliebtseins vorbei ist. Und bewähren muss sie sich in Zeiten, in denen es Belastungsproben gibt. Ich werde später im Kapitel »Kritische Ereignisse« noch darauf zurückkommen.

Ich mahne also zur Vorsicht und zur Nüchternheit. Die Hoffnung, eine Partnerschaft könne die Verletzungen der Seele heilen und die gehegten großen Erwartungen erfüllen, wird scheitern. Ich kenne Paare, die sich nach dreißig Jahren Ehe nur noch im Hass begegnen. Und sie sagen, dass sie sich am Anfang richtig liebten.

Auch wenn die Versuchung groß ist, einer Partnerschaft zu viel zuzumuten, kann der Weg nur darin bestehen, sich selbst mit den eigenen Verletzungen und Nöten zu entdecken und damit eigenverantwortlich in der Partnerschaft umzugehen. Die »vertikale Differenzierung«, das heißt, die fortwährende Prüfung der eigenen Gefühle, ob sie dem erwachsenen Leben oder mitgebrachten kindlichen Impulsen entspringen, ist von entscheidender Bedeutung für eine Partnerschaft.

Streit

Es gibt zwei Aussagen über Streitereien in der Partnerschaft, die sich gegenseitig widersprechen und die doch beide tatsächlich stimmen:

Erstens: Streit ist unnötig. Wer erkennt, dass der Ärger über die Begrenzungen des Partners in der Tiefe den eigenen Begrenzungen gilt, braucht nicht mehr zu streiten. Vielmehr kann er den anderen als Hilfe nutzen, die eigene verletzte Seele zu erkennen und die Wunden zu pflegen. Vor allem aber sollte er trotz Partnerschaft sein Leben in eigener Verantwortung führen.

Und zweitens: Ohne Streit geht es nicht. Auch wenn er eigentlich unbegründet ist, dient ein Streit doch der emotionalen Regulation und lässt sich daher nicht gänzlich vermeiden.

Die Gründe, warum Streit unnötig ist, habe ich in den vergangenen Kapiteln dargelegt. Kein Wort muss davon zurückgenommen werden. Mit einem nüchternen Blick betrachtet braucht es keinen Streit. In den Partnerschaften ist es wie im Verhältnis von Staaten. Solange im Streit versucht wird, die eigene Position gegen den anderen durchzusetzen, kann das zu keinem guten Ziel führen. Denn selbst wenn der andere klein beigibt, ist das kein Sieg, der wirklich zu einer Befriedung führt. Und überzeugen lässt sich zudem in einem Streit niemand.

Das gehört zu einem der destruktivsten, aber gerade in seiner Absurdität faszinierendsten Formen partnerschaftlicher Kommunikation: Den anderen mit Vorwürfen in ein liebevolles Verhältnis drängen zu wollen. Vermutlich weiß jeder, der sich dies mit einigem Abstand betrachtet, dass das nicht funktionieren kann. Und doch versuchen es viele Menschen in ihren Partnerschaften immer wieder. »Nie bringst du mir Blumen mit!«, könnte beispielsweise ein Vorwurf lauten. Aber wenn der andere es dann macht, ist es schwer zu glauben, dass dies freiwillig geschieht.

Es gibt ein Problem, das durch Streit entfacht wird, aber zwangsläufig in eine Sackgasse führt. Es ist die Überzeugung, dass es ums Gewinnen geht. Es wird dann geglaubt, dass derjenige verliert, der klein beigibt, während gewinnt, wer sich durchsetzt. Genau diese Gewinnen-oder-Verlieren-Haltung ist es, die Streitereien so destruktiv macht und letztlich sogar Partnerschaften kaputt machen kann. Denn dieses Empfinden läuft einer wirklich partnerschaftlichen Haltung diametral entgegen. In einer Partnerschaft kann es nicht darum gehen, über den anderen zu siegen. Aber zugleich gibt es auch keine Niederlage durch den Triumph des anderen. Wenn einer von beiden scheinbar gewonnen hat, geschieht dies weniger auf Kosten des Partners als mehr der Partnerschaft. Somit verliert auch der »Gewinner« das Gefecht um das Miteinander.

Wenn wir den Anspruch von Partnerschaft ernst nehmen, geht es um das Miteinander, nicht um das Durchsetzen gegen den anderen. Dadurch kann es in einer Partnerschaft nur einen gemeinsamen Gewinn oder eine gemeinsame Niederlage geben. Es ist immer die gesamte Partnerschaft, die gewinnt oder verliert.

Falls diese Einsicht nicht vorherrscht, ist es dringend erforderlich, an der Herstellung eines Miteinanders zu arbeiten. Oder man trennt sich besser gleich. Wem vor allem daran gelegen ist, in einer Partnerschaft recht zu bekommen, sollte lieber keine eingehen. Das gilt übrigens nicht nur für denjenigen, der einen offenen Streit provoziert, sondern auch für den, der der Auseinandersetzung aus dem Weg geht, sich zurückzieht und sich im Stillen ungerecht behandelt fühlt. Resignation führt ebenso wie Streit zu einer unglücklichen Partnerschaft.

Nach diesen Überlegungen ergibt sich eindeutig, dass Streit nicht nur sinnlos ist, sondern häufig auch Partnerschaften zerstört. Und doch gilt ebenso der zweite Satz: Ohne Streit geht es nicht. Streit dient der emotionalen Regulation. Und somit lässt sich bei aller Gelassenheit sagen, dass die Vereinfachung des Lebens, die in einer Partnerschaft erreicht werden soll, auch darin besteht, dass man innere Spannungen über einen partnerschaftlichen Streit loswird.

Jeder Mensch lebt in einem Wechsel von Spannung und Entspannung. Niemand vermag es, in einem fortwährenden Zustand seelischer Entspannung zu leben. Das wäre auch nicht einmal gut, denn Spannungen sind wichtig, um das eigene Leben energetisch zu führen. Doch es gilt eben auch, einen Wechsel zwischen Spannung und Entspannung zu leben. Sich in einem fortwährenden Spannungszustand zu befinden, ist ebenso ungesund wie fortwährende Entspannung.

Dieser Wechsel zwischen Spannung und Entspannung lässt sich auf zahlreiche Weise vollziehen. Während sich Spannung automatisch aufbaut, bedarf es oft einer bewussten Aktion zur Entspannung. Das beste Beispiel hierfür ist Sexualität. Sexuelle Spannung baut sich auf, die dann im Akt selbst entladen wird und zur Entspannung führt. Doch Spannung erzeugt nicht allein ein wachsender Trieb. Es gibt zahlreiche und vor allem alltägliche Erfordernisse und Begebenheiten, die emotionale Spannungen aufbauen.

Gemeint sind damit nicht nur die großen Ereignisse, die uns in ihren aufregenden oder belastenden Folgen bewusst sind und dann vielleicht besondere Formen der Entspannung benötigen. Es gibt auch die vielen kleinen Ereignisse, die alltäglich sind, allmählich verspannend wirken und sich dabei dem Bewusstsein entziehen. Denken sie an das Autofahren, das frühe Aufstehen, das Telefonklingeln, den Einkauf, den letzten Kontoauszug, die nervenden, kleinen Ärgernisse auf Arbeit, das Niesen eines Kollegen, die Benzinpreise, das Wetter, das Kantinenessen und und und. All diese kleinen Ereignisse summieren sich und sorgen für einen Aufbau seelischer Anspannung. Wir können dem, gerade in unserer heutigen, hektischen Zeit nicht entgehen, sie wirken so und so. Zumal es zu unserem Wesen gehört, dass Spannungen entstehen und wir immer wieder Entspannung brauchen. Die äußeren Ereignisse sind da eher Anlässe. Und das Problem unserer heutigen Zeit ist vermutlich mehr, dass unser Alltag wenig Möglichkeiten der Entspannung bereitstellt. Denken Sie nur daran, dass in vielen Arbeitsfeldern heutzutage viel geregelt und zumeist wenig Platz für Emotionen ist.

Es braucht also Felder der Entspannung. Diese können im Sporttreiben, aber auch im Sportschauen und Mitfiebern bestehen. Man kann im Auto vor sich hin schimpfen oder über Meditation versuchen, die Spannungen zu lösen. Die verbreitetste Form des Spannungsabbaus ist bei einem erwachsenen Menschen in der heutigen Zeit aber ein Streit mit dem Partner.

Sachlich ließe sich viel dagegen sagen und es lässt sich trefflich darüber streiten, ob Streit wirklich notwendig ist. Ich habe bereits die wichtigsten Gründe, die gegen das Streiten sprechen, genannt. Aber emotional ist ein Streit ein Mittel der Seelenhygiene und eine allgegenwärtige Tatsache ist er ohnehin. Vielleicht lässt sich eine Partnerschaft ohne Streit vorstellen – gegeben hat es sie noch nicht. Aus diesem Grund ist es wichtig, dass Streitereien in einer Weise »zelebriert« werden, dass sie sich nicht gegen die Partnerschaft richten. Es braucht eine gute Balance zwischen der seelischen Entspannung und der Einsicht, dass Streit im Grunde sinnlos ist.

Regeln für einen »Streit zur emotionalen Entlastung«

Um diese Balance auch im Alltag und insbesondere in einer affektgeladenen Situation halten zu können, braucht es Regeln. Die erste ist die Vermeidung von Grundsätzlichkeit. Häufig ist nämlich festzustellen, dass Partner sich im Streit gegenseitig vorwerfen, der andere würde etwas »immer« machen oder »nie« tun. Doch wie soll darauf reagiert werden? Zumeist antwortet der Angegriffene mit ebenso grundsätzlichen Gegenvorwürfen. Und so geraten die beiden in eine Auseinandersetzung, aus der es kein Herauskommen gibt – zumindest nicht in der unmittelbaren Streitsituation.

Nun ist eine Streiterei ohnehin nicht geeignet, eine Meinungsverschiedenheit sachlich zu klären. Aber grundsätzliche Vorwürfe lassen auch über den Streit hinaus ein ungutes Gefühl zurück. Es bleibt das Empfinden, dass der andere wesentliche Vorbehalte gegen das eigene Verhalten und die eigene Person hegt. Und auch wenn der Zwist vorbei zu sein scheint, hat er letztlich die Saat für ein

Missempfinden gelegt. Das wesentliche Merkmal *grundsätzlicher* Vorwürfe ist, dass sie sich *grundsätzlich* nicht beseitigen lassen. Sie schwelen weiter, auch wenn künftig über sie geschwiegen wird.

Wichtig ist also, dass konkret gesagt wird, was stört. Und das bedeutet, dass es auf reale Situationen bezogen sein und auch auf diese beschränkt bleiben soll. Dadurch wird es für den anderen verstehbarer, akzeptabler und letztlich auch änderbarer. Es stellt weder ihn noch die Partnerschaft grundsätzlich infrage. Denn es lässt sich in einer konkreten Situation oftmals anders handeln. Aber ein lange praktiziertes Verhalten grundlegend und dauerhaft zu verändern, liegt kaum in unserer Macht. Es ist ein Unterschied, wenn gesagt wird: »Mich ärgert, dass du die Pizza nicht mitgebracht hast, obwohl wir es so abgesprochen hatten.«, oder wenn der Satz lautet: »Mich ärgert, dass du immer vergisst, wenn wir etwas ausgemacht haben.« Es ist gar nicht so sehr – wie oft behauptet wird – die Ich-Botschaft, auf die es ankommt. Es ist das Konkrete oder das Allgemeine des Vorwurfs, auf das reagiert werden kann – oder eben nicht. Auf die zweite Aussage ließe sich lediglich antworten: »Das stimmt so nicht.« oder »So bin ich nun einmal. Akzeptiere das.« Aber eine Änderung oder Klärung der Situation bringt das nicht.

Die zweite wichtige Grundregel für einen partnerschaftlichen Streit ist, den Aussagen des anderen nicht zu glauben, solange sie im unmittelbaren Streit geäußert werden. Dies mag zunächst merkwürdig klingen. Ein Streit scheint doch gerade dem Zweck zu dienen, sich einmal deutlich die Wahrheit zu sagen. Aber es geht bei ihm nie wirklich darum, die *richtigen* Argumente zu haben. Es sollen die *besseren* sein. Ein Streit dient dazu, sich abzureagieren, zu triumphieren, den anderen zum Schweigen zu bringen. Es geht keinesfalls darum, objektiv zu sein. Diese Erkenntnis bestätigt letztlich, dass Streit wirklich Unsinn ist. Aber wenn er nicht zu vermeiden ist – und leider ist er eben nie ganz zu vermeiden – dann sollte den Argumenten des Partners wenigstens nicht geglaubt werden.

Die Gefahr des Ernstnehmens der Sachargumente liegt darin, dass man sich zu sehr getroffen fühlt. Es geht nicht um die Wahrheit, sondern ums Rechthaben. Also geht es auch nicht darum, das Gesagte zu wichtig zu nehmen. Und falls doch einmal wichtige Themen zur Sprache kommen, die der Klärung und des partnerschaftlichen Miteinanders bedürfen, dann braucht es Möglichkeiten des Austauschs jenseits eines Streits. Ich werde im Kapitel zu den Paargesprächen darauf zurückkommen. Bei einem Streit sollte zudem nicht geglaubt werden, dass das, was man vom Partner zu hören bekommt, seine wahre Meinung ist. Eine der unsinnigsten Antworten und Überzeugungen in einem Streit ist die Aussage: »Das also denkst du wirklich über mich!«

In der Emotionalität eines Streits werden Gefühle wachgerufen, die weniger mit der Partnerschaft zu tun haben als mit Verletzungen, die jeder Mensch in sich trägt. Ich hatte dies im Kapitel zur »vertikalen Differenzierung« bereits ausgeführt.

Bei einem heftigen Streit besteht die Gefahr, dass einiges an »seelischem Bodensatz« hochgespült wird, der nichts mit dem Anlass des Streits und schon gar nichts mit der Partnerschaft zu tun hat. Es mag sein, dass das mal herausmuss, um sich zu entlasten. Aber dann darf das in der Konsequenz nicht zulasten der Partnerschaft gehen.

Sollten die geäußerten Gefühle wirklich stimmen, lässt sich nur noch eine sofortige Trennung empfehlen. Denn wollen Sie wirklich mit einem Partner zusammen sein, der sie hasst und verachtet? In fast allen Fällen aber stimmt dies ohnehin nicht und ist lediglich der Emotionalität der Situation geschuldet. Es ist absurd, wenn Streitvorwürfen mehr geglaubt wird als liebevollen Zuwendungen. Leider erleben wir dies bei Paaren sehr häufig.

Glauben Sie also grundsätzlich nicht den Aussagen des Partners, die er im Streit trifft. Und trauen Sie auch nicht Ihren eigenen Gefühlen, wenn Sie sich gerade in einer Auseinandersetzung befinden. So sehr der Partner in solchen Situationen die Unwahrheit sagt, so sehr werden Sie selbst von Ihren Emotionen belogen. Auch bei Ihnen werden seelische Verletzungen berührt, die nichts mit der eigentlichen Auseinandersetzung zu tun haben. Dabei hilft eine Erkenntnis, die jeden Streit in seine Grenzen weist: Es gibt in einem Streit zwischen erwachsenen Menschen kaum wirkliche Verletzungen.

Uns begegnen in Beratungsgesprächen immer wieder Menschen, die behaupten, vom Partner verletzt worden zu sein. Wenn wir dann nachfragen, was konkret geschehen ist, werden meistens Erlebnisse berichtet, die vielleicht wehgetan haben. Aber nicht, weil der Partner eine Wunde geschlagen hat, sondern weil dabei eine bereits bestehende wunde Stelle berührt wurde. Eine wirklich ursächliche Verletzung geschieht in einer Partnerschaft kaum.

Ich hatte dies bereits an dem Beispiel des vergessenen Hochzeitstags dargestellt. Es mag immer solche ärgerlichen Punkte geben. Und gerade im partnerschaftlichen Zusammenleben zweier Menschen tauchen sie häufiger auf – ebenso wie im Grunde sinnlose Vorwürfe während eines Streits. Aber dann bin ich zum Handeln aufgefordert. Ich kann mich für Veränderungen einsetzen, kann meine eigenen Verhaltensweisen überprüfen. Ich kann reale oder auch nur vermeintliche Schwächen und Fehler des Partners akzeptieren oder mich trennen. All das ist erwachsenes, partnerschaftsfähiges Verhalten. Dagegen ist der Vorwurf an den Partner, er hätte mich verletzt, eine kindliche Aussage. Sie spricht dem anderen Macht über die eigene Seele zu, die nur Eltern oder andere Erziehungsberechtigte über Kinder haben.

Der Vorwurf gegenüber dem Partner ist in fast allen Fällen ein versteckter Manipulationsversuch: Der andere soll damit in die Knie gezwungen werden. »Sei endlich für mich da, achte auf mich, übernimm Verantwortung für mich!« Das ist die Botschaft, die der Verletzungsvorwurf vermittelt. Dem anderen bleibt dann nur die Möglichkeit, sich schlecht zu fühlen und Besserung zu geloben oder die Anmaßung dieses Vorwurfs abzuwehren. In jedem Fall aber führt die Aussage: »Du hast mich verletzt.«, zum Gegenteil dessen, was erreicht werden soll. Die Partner finden nicht besser zusammen, sondern werden sich fremd. Die dritte Regel lautet demnach, diesen Vorwurf nie zu erheben.

Natürlich sind Situationen vorstellbar, in denen sich die Partner wirklich verletzen. Dies kann durch grobe körperliche Gewalt oder durch Missbrauch der Kinder gegen den Partner geschehen. Doch selbst in solchen Situationen ist Vorsicht geboten. Auch hier wird der Vorwurf der Verletzung durch den Partner zumeist schneller erhoben, als es angemessen wäre. Zumal auch auf die vorangegangene Beziehungsdynamik zu achten ist. Aber wenn einer der beiden Partner ernsthaft sagt, er sei durch den anderen verletzt worden, und er dies keinesfalls relativieren möchte, raten wir immer zur Trennung. Denn entweder ist etwas so Schlimmes passiert, dass eine Partnerschaft nicht sinnvoll fortgesetzt werden kann. Oder der den Vorwurf Erhebende ist nicht in der Lage, eine Partnerschaft zu führen.

Also seien Sie vorsichtig mit dem Vorwurf an den Partner, er hätte Sie verletzt. Das stimmt meistens nicht. Er hat Sie vielleicht an einer wunden Stelle Ihrer Seele berührt. Aber für diese kann er nichts. Sie müssen selbst Verantwortung für Ihren Schutz tragen. Und natürlich geschieht es in Partnerschaften häufig, dass die wunden Stellen der Seele berührt werden und wehtun. Denn es ist die Lebensform, die einen anderen Menschen am nächsten an sich heranlässt. Zudem wissen Menschen, die bereits eine Weile miteinander in Partnerschaft leben, sehr gut über die Verletzungen des anderen Bescheid. Ein Streit lädt dann förmlich dazu ein, den Finger in diese Wunden zu legen. Glauben Sie also möglichst nicht, was Ihr Partner im Streit sagt und ziehen Sie eine Grenze, bevor der Streit eskaliert. Das ist die vierte Regel für einen partnerschaftlichen Streit: Gehen Sie sich rechtzeitig aus dem Weg.

Gut, ein Streit dient der emotionalen Entlastung. Auf der anderen Seite aber klärt er nichts. Wie also gelingt es, den Streit zu beenden? Es gibt schöne Auseinandersetzungen, in denen das Streitpotenzial einfach verpufft. Beiden wird die Absurdität der gegenseitigen Vorwürfe bewusst, sie fangen an zu lachen und liegen sich dann in den Armen. Das ist der Idealfall. Leider aber trifft er selten ein. Es kommt daher darauf an, die Grenze zu erkennen, ab der ein Streit unsäglich wird, und gehen Sie dann unbedingt auseinander – nicht grundsätzlich, sondern in der Situation.

Die ersten drei Regeln für einen »Streit zur emotionalen Entlastung« markieren die Grenze sehr genau, ab der eine Auseinandersetzung sinnlos wird und vielleicht sogar zerstörerisches Potenzial entwickelt. Wenn die gegenseitigen Vorwürfe grundsätzlich werden und die notwendige innere Distanz verloren geht, wenn das Gefühl, ungerecht behandelt zu werden, aufkommt, Verletzungsvorwürfe gemacht werden, wenn man den Aussagen des anderen zu sehr glaubt und die eigenen Gefühle übermächtig zu werden drohen – dann sollte man den Streit beenden, indem man sich räumlich trennt. Und da es bei solch einer Streiteskalation nur selten möglich ist, den anderen wegzuschicken, ohne weiter zu eskalieren, muss derjenige gehen, der an beschriebener Grenze angelangt ist oder der sie als Erster spürt.

Es ist wichtig, dass zwischen beiden Partnern von vornherein Einigkeit besteht, dass die Beendigung des Streits auf dem Weg der räumlichen Trennung möglich ist. Diese Grundakzeptanz, die vor jeglichem Streit besprochen sein muss, ist Voraussetzung, dass die Einhaltung der vierten Streitregel auch wirklich funktioniert. Denn häufig fällt es einem oder beiden schwer, einfach so, ohne Absprache den anderen gehen zu lassen.

Hier scheint es nach unseren Beratungserfahrungen eine geschlechtsspezifische Tendenz zu geben. Während Männer sich oftmals schneller aus dem Streit zurückziehen möchten und können, bestehen Frauen häufiger auf einer augenblicklichen Klärung. Sie leiden an der aktuellen Situation unmittelbarer. Sie empfinden das Schweigen des Partners als eine Fortsetzung des Streits »mit anderen

Mitteln« und haben das Gefühl, dass er sich nicht mehr auf eine Verständigung einlässt, wenn sie ihn jetzt in Ruhe lassen. Dieses Gefühl ist nicht unbegründet. Denn häufig möchten Männer auch noch im Nachhinein über die Auseinandersetzung schweigen, sie einfach ruhen lassen. Deshalb ist die Sachauseinandersetzung, über die ich im nächsten Kapitel sprechen werde, ebenso wichtig, wie die räumliche Trennung bei einer Eskalation des Streits. Zunächst aber ist es wichtig, sich gegenseitig in Ruhe zu lassen, bis die Emotionen verraucht sind.

Das mag eine wirklich schwierige Aufgabe sein. Studentinnen berichteten mir in meinen Seminaren, dass sie es kaum ertragen können, wenn sie wegen eines Streits nicht schlafen können, ihr Partner aber ruhig vor sich hin schnarcht. Der Ausweg kann aber nicht darin liegen, ihn dann ebenfalls wach zu halten. Vielmehr bedarf es auch hier der Eigenverantwortung. Häufig hilft es ja bereits, einen anderen Raum aufzusuchen oder für eine Weile aus dem Haus zu gehen und so Abstand zu schaffen. Wer in unterschiedlichen Wohnungen lebt, kann sich noch besser räumlich trennen.

Doch egal, wie es konkret aussieht, ein Auseinanderräumen ist bei Streitereien sehr oft nötig und sollte beibehalten werden, bis die emotionalen Wallungen abgeebbt sind. Erst dann wird es möglich, sich der vielleicht wirklich notwendigen Sachauseinandersetzung zuzuwenden oder zumindest über das Geschehene noch einmal zu sprechen, um es zu den Akten legen zu können. Das kann nach einer halben Stunde sein oder nach einem Tag. Beide sollten dazu bereit sein und sich über den richtigen Zeitpunkt verständigen. Weder darf es zu schnell gehen, da sonst die Gefahr besteht, gleich wieder in den Streit zu rutschen.

Noch sollte man das Gespräch unnötig aufschieben. Denn auch das könnte der Abwehr der notwendigen Klärung dienen.

Es sind die aufgezeigten vier Regeln, die es ermöglichen, den vielleicht unausweichlichen »Streitereien zur emotionalen Entlastung« so zu begegnen, dass sie nicht partnerschaftszerstörend wirken. Nach meiner Erfahrung sind Streits nie wirklich angebracht, sie klären nichts. Sie sind jedoch auch notwendig, um sich emotional zu entladen. Streitereien sind dabei zugleich ein Regularium von Nähe und Distanz in der Partnerschaft. Gerade nach besonders schönen, innigen Erlebnissen stellen sie wieder einen »normalen Abstand« her, der auch im Alltag der Beziehung lebbar ist. Es gibt eben auch in Partnerschaften kein immer mehr, immer schöner, immer näher. Streit hilft, solchen Illusionen zu begegnen.

Bei all dem darf aber auch nicht vergessen werden, dass der Partner ebenso »gestrickt« ist, wie man selbst. So wenig wie es bei einem Streit um Alles oder Nichts, um Leben oder Tod geht, so sehr ist der andere ebenso in seinen Ängsten und Nöten gefangen. Auch wenn ein Streit sich anfühlen mag, als ginge es um Sieg oder Niederlage, ist der andere doch nicht wirklich der Gegner. Er ist jemand, der sich ebenso ein schönes Leben und eine glückliche Partnerschaft wünscht. Es ist wichtig, sich dies immer einmal wieder vor Augen zu halten und stattfindende Streitereien unter diesem Licht zu betrachten.

Paargespräche

Streitereien klären nichts. Aber es bedarf trotzdem immer wieder der Verständigung. Das Zusammensein in einer Partnerschaft braucht selbstverständlich Absprachen und Klärungen. Denken Sie an die gerechte Aufteilung der Hausarbeit, an gemeinsame Planungen, an die gegenseitigen Erwartungen und so weiter und so fort. Und hier gilt: Je nüchterner und klarer die Absprachen getroffen werden, desto weniger Spannungen, Manipulationsversuche, Streitereien oder stille Vorwürfe gibt es. Daher ist es ratsam, sich feste Termine für Paargespräche zu vereinbaren.

Paargespräche können sehr unterschiedlich aussehen. Da gibt es Absprachen zur Alltags- und Wochenplanung. Dabei kann es sinnvoll sein, sich am Sonntagabend für eine halbe Stunde zusammenzusetzen und die kommende Woche zu planen. Was steht an, wann begegnet man sich, wofür verabreden sich beide (zum Fernsehen, zum Theaterbesuch, zum Sex, zum Reden …). Darüber hinaus können Gespräche über weitreichendere Planungen nötig sein (Urlaub, Kinder, Hausbau …). Wichtig bei all diesen Absprachen ist, dass sie geplant werden. Streit entsteht meistens dann, wenn ein Partner plötzlich etwas besprechen will und der andere darauf gerade nicht vorbereitet ist oder keine Lust hat. Natürlich kann man es versuchen, mit dem anderen für diesen unvorbereitet den nächsten Urlaub zu besprechen. Aber wenn er dann gerade nicht darüber reden möchte, darf es ihm nicht verübelt werden. Vielleicht ist es in solch einem Fall lediglich möglich, einen Termin zu vereinbaren, an dem das Gespräch dann geführt wird.

Über solche konkreten Absprachen hinaus gibt es zwei weitere Formen der Paargespräche: Konfliktgespräche und Zwiegespräche. Insbesondere die Konfliktgespräche sind deutlich schwieriger als einfache Absprachen. Liegen bei Absprachen die Stolpersteine eher darin, sich nicht rechtzeitig oder regelmäßig zu verabreden, während die Gespräche selbst eher einfach sind, sind Konfliktgespräche in sich schwierig.

Als »Konflikte« möchte ich die Sachthemen bezeichnen, die im partnerschaftlichen Miteinander relevant werden können und gegenüber denen beide Partner unterschiedliche Ansichten haben oder Verhaltensweisen zeigen. Zum Konflikt werden diese Themen, weil mindestens einer von beiden die Unterschiedlichkeiten für beziehungsrelevant hält. Dabei lässt sich in den seltensten Fällen objektiv klären, welche Ansicht oder Verhaltensweise die Richtige sei. Es mag sich subjektiv oft so anfühlen, dass die eigene Ansicht die allein richtige ist. Oder manch einer glaubt, in partnerschaftlichen Auseinandersetzungen grundsätzlich nicht recht zu haben. Aber objektive Maßstäbe gibt es selten – zumindest für zwei gleichberechtigte Partner. Diese zumeist fehlende, von beiden subjektiven Beurteilungen unabhängige Orientierung macht die Klärung von Konflikten in einer Partnerschaft schwer. Und je mehr man glaubt, mit seinen Ansichten im Recht zu sein, desto schwieriger ist die Konfliktlösung. Daher sind auch hier wieder einige Grundregeln entscheidend:

Als Allererstes müssen die Emotionen gebändigt sein. Im Aufbrausen, im Überschwang der Gefühle, im Streit ist es sehr selten möglich, zu einem Miteinander zu gelangen. Doch genau darum geht es. Konflikthafte Themen dienen der Verständigung, der Stärkung der Verbundenheit, der Beziehungserleichterung. Deshalb ist es wichtig, dieses Ziel nicht aus dem Auge zu verlieren. Den anderen in die eigene Ansicht zwingen zu wollen – sei es durch körperlichen oder emotionalen Druck, sei es durch Manipulation oder Verweigerung – ist schon deswegen falsch, weil das nie zu einer größeren Verbundenheit führt. Und da es um das Miteinander in der Partnerschaft geht, haben Gefühle der Ablehnung, der Zurückweisung und der Kränkung nichts in einem Konfliktgespräch zu suchen. Sie müssen einzeln reguliert werden. Das bedeutet, dass jeder für sie selbst Verantwortung im Sinne der beschriebenen »vertikalen Differenzierung« übernehmen muss.

Neben diesen drei grundsätzlichen Punkten: Bändigung der Emotionen, die Einsicht, dass es bei Konfliktklärungen um das Miteinander in der Partnerschaft geht, und die Akzeptanz, den anderen die eigenen Ansichten nicht aufzwingen zu wollen, gibt es fünf weitere wichtige Kommunikationsregeln für Konfliktgespräche. Erstens gilt auch hier, die Konflikte und das eigene Verständnis von ihnen so genau und konkret wie möglich zu beschreiben. Zweitens sollen dem anderen dabei möglichst keine Vorwürfe gemacht werden. Es ist drittens wichtig, in der Auseinandersetzung immer einmal wieder die Perspektive des anderen einzunehmen. Als vierte Regel ist die notwendige Kompromissbereitschaft zu sehen. Und schließlich fünftens gilt es am Ende, den Konflikt so oder so zu lassen.

Über die Problematik grundsätzlicher Aussagen hatte ich bereits gesprochen. Bei keinem Paar führen allgemeine

Vorwürfe zur Lösung des Konflikts. Dabei sind sicher sogenannte »Ich-Aussagen« sinnvoll. Aber auch die dürfen keine Manipulation enthalten. Die Aussage: »Es tut mir weh (oder es macht mich traurig), wenn du das oder das machst.«, ist ebenso unsinnig und falsch wie eine »Du-Botschaft« entsprechend des Beispiels: »Du bist unzuverlässig.« Vorwürfe, auch versteckte, sollten vermieden werden.

Das bedeutet jedoch nicht, die eigenen Ansichten zurückzuhalten. Die eigene Position zu vertreten – ohne dabei gegen den anderen in einen Streit zu ziehen – ist eine wesentliche Voraussetzung für das Gelingen von Konfliktgesprächen. Dabei geht es jedoch immer darum, etwas *für sich* zu vertreten und *nicht gegen den anderen*. Das ist der zentrale Maßstab.

Resigniertes Zurückhalten der eigenen Meinung zerstört eine Partnerschaft ebenso wie das unbedingte Durchsetzen eigener Ansichten gegen den anderen. So beschwerte sich beispielsweise ein Mann in einer Paarberatung über seine Frau, sie würde den Sex meistens ablehnen. Immer, wenn er sich der Frau mit dieser Absicht nähere, würde sie ihn abweisen. Sex fände mittlerweile kaum noch statt. Die Frau wiederum äußerte, dass es ihr nicht gefällt, wenn er sich gleich so eindeutig nähert. Sie möchte erst einmal flirten und spielerisch beginnen. Dann könne sie sich auch vorstellen, dass sich daraus Sex entwickelt. Dem Mann aber war solch eine leichte Herangehensweise gar nicht möglich, weil er Sex wollte und eine Annäherung, die davor haltmacht, nach all den Ablehnungen nicht ertragen wollte. Im Ergebnis waren beide resigniert, das Sexleben war eingeschlafen und das Paar entfernte sich innerlich immer mehr voneinander.

Wenn solch ein Konflikt nicht miteinander bearbeitet wird, wenn er ausgeschwiegen und so unter der Decke gehalten wird, werden sich die Partner entweder trennen oder immer bösartiger begegnen. Es kann also keinesfalls darum gehen, den Konflikten auszuweichen. Konflikte brauchen die Auseinandersetzung. Aber die sollte auf eine Weise geschehen, dass die Konflikte wirklich gelöst werden können und nicht zu einer weiteren Verhärtung der Partnerschaft führen. Daher ist es wichtig, sowohl die eigene Position zu vertreten als auch den anderen für dessen Position nicht schuldig zu machen. Ich werde übrigens auf dieses Beispiel im Kapitel »Vom Können und Wollen« noch einmal zurückkommen.

Eine wichtige Hilfe, um in einer Auseinandersetzung zu einem verstärkten Miteinander zu gelangen, ist ein Perspektivwechsel. Es dient dem eigenen Verständnis und ist für das Gespräch entlastend, wenn sich ein Partner darum bemüht, die Sichtweise und Argumentationen des anderen aus dessen Perspektive zu betrachten. Dabei geht es keinesfalls darum, die Ansichten des anderen einfach zu übernehmen. Aber durch die probeweise Änderung der Blickrichtung lassen sie sich besser verstehen. Denn kaum ein Mensch vertritt eine eigene Meinung, nur um den anderen zu ärgern. Sollte so etwas in einer Partnerschaft geschehen, muss vielleicht über eine Trennung nachgedacht werden, denn dann geht es in den Auseinandersetzungen nicht mehr um das Sachthema, sondern um den Kampf gegeneinander. Sehr viel häufiger aber hat jeder seine eigene Perspektive mit einer eigenen Logik. Und es ist hilfreich, diese wahrzunehmen und besser zu verstehen. So kann leichter nach einer gemeinsamen Haltung gesucht werden. Vielleicht eröffnet sich ein

Kompromiss, mit dem beide gut leben können. Vielleicht ermöglicht ein Perspektivwechsel auch ein Nachgeben.

Bei zu schnellen Lösungen ist jedoch Vorsicht geboten. Kompromisse oder Nachgeben als Lösung eines Konflikts können nur dann wirklich funktionieren, wenn beide das wirklich wollen. Ein fauler Kompromiss, der sich wie eine Niederlage anfühlt, bringt eine Partnerschaft ebenso wenig voran wie ein Nachgeben »um des lieben Friedens willen«. Es ist also wichtig, nicht zu schnell aufzugeben und ohne innere Überzeugung zuzustimmen.

Manches Mal gelangen zwei Partner nicht allein aus einem Konflikt heraus. Dies muss nicht daran liegen, dass sich die Fronten völlig verhärtet hätten – auch wenn dies natürlich möglich ist. Aber unter der Prämisse, dass keiner einfach nur so nachgeben soll, ohne wirklich von dieser Lösung überzeugt zu sein, braucht es manchmal eben Hilfe von außen. Ein erfahrenes Gegenüber kann manche festgefahrene Situation auflösen. Scheuen Sie sich daher nicht, sich Hilfe zu suchen. Vermutlich kommt niemand ohne sie aus. Ohne die Inanspruchnahme solcher Hilfen wäre ich mit meiner Frau jedenfalls nicht noch nach sechsundzwanzig Jahren in solch einer liebevollen Verbudenheit.

Aber egal ob mit oder ohne fremde Hilfe: Am Ende eines Konfliktgesprächs (oder der Konfliktgespräche) sollte so oder so das Ende der Auseinandersetzung stehen. Es ist nun einmal so, dass es kein Konflikt verdient, über Jahre in einer Partnerschaft fortzuwirken. Ohnehin sind die meisten Konflikte von außen betrachtet vergleichsweise unerheblich. (Auch das kann ein guter Grund sein, sich Hilfe zu organisieren: Mitzubekommen, wie unerheblich die gefühlt existenzielle Auseinandersetzung ist.) Und Auseinandersetzungen, die erheblich sind und sich auf Dauer nicht lösen lassen, müssen zu Konsequenzen führen. Das nützt dann leider nichts. Aber glauben sie mir: Kaum ein Konflikt in einer Partnerschaft ist wirklich so wichtig, dass an ihm eine Partnerschaft scheitern sollte. Sie sollten immer damit rechnen, dass Ihnen der Zwist mit dem Partner viel größer erscheint, als er es wert ist. Seien Sie also bereit, die Partnerschaftskonflikte zu beenden und nicht in ihrem Herzen zu konservieren.

Und noch ein wichtiger Hinweis für Konfliktgespräche: Kritisieren Sie am anderen nur, was dieser auch wirklich aufnehmen kann. Wir kennen das alle. Es gibt Kritikpunkte an unserem Verhalten, die wir verstehen. Wir sind bereit, diese Punkte zu akzeptieren und uns vielleicht sogar um Änderung zu bemühen. Und es gibt andere, die wir weder verstehen noch akzeptieren können. Vielleicht sehen wir das ganz und gar nicht so, wie es uns vorgehalten wird. Vielleicht ist uns das Gesagte so unangenehm, dass wir uns mit Händen und Füßen dagegen wehren.

Sicher gibt es bei jedem Menschen andere Grenzen der Kritikfähigkeit. Zumeist sind es narzisstische Themen, die schwer zu akzeptieren sind. Also jemand ist in einem für ihn wichtigen Bereich nicht so gut, wie geglaubt oder gehofft. Eine Erkenntnis mag dann zu schmerzhaft sein. Und selbst oder gerade, wenn sie gar die eigenen Zweifel trifft, wird die Kritik abgewehrt, um keinen Halt zu verlieren. Es mag also wichtig scheinen, Kritik zu äußern. Aber was würde es nutzen, wenn diese Kritik für den anderen nicht annehmbar ist? Wirklich sinnvoll ist sie nur, wenn sie bei ihm auch ankommen kann und ankommt. Ohne diesen Maßstab verliert Kritik schnell ihr Sachanliegen und wird zum verbiesterten Rechthabenwollen. Rechnen Sie also damit, dass Ihr Partner manches nicht hören will oder kann. Und prüfen Sie, ob es das wirklich wert ist, solche Themen anzusprechen. Es bringt eh nicht viel.

Die dritte Form der Paargespräche sind Zwiegespräche. Sie sind die Königsdisziplin der partnerschaftlichen Kommunikation. Denn bei Ihnen geht es weder um Absprachen noch um Konfliktlösungen, sondern um das gegenseitige Kennenlernen. Sich dem anderen mitzuteilen ist ein wesentlicher Faktor dafür, dass ein Paar ein Gefühl des Miteinanders entwickelt.

Dafür ist es unerlässlich, dass sich ein Paar regelmäßig Zeit für gemeinsame Gespräche nimmt. Diese haben keinen konkreten Anlass, sondern sind von dem Wunsch bestimmt, sich dem anderen im Gespräch zu zeigen und ihn dabei zugleich besser zu verstehen. Die Grundhaltung beider sollte demzufolge Offenheit und Neugier sein. Offenheit, sich auch mit seinen Gefühlen und inneren Gedanken mitzuteilen, und Neugier auf das, was der andere von sich zeigen möchte. Paare, die glauben, alles voneinander zu wissen, sind vielleicht am Ende ihrer Beziehung angekommen. In der Praxis erweist sich dieser Glaube aber zumeist als Illusion. Es ist sehr selten, dass Paare sich wirklich so gut kennen, wie sie meinen. Zumeist verbergen beide manches voreinander und berauben sich so vielleicht der gemeinsamen Entwicklung.

Michael Lukas Möller hat diese Erfahrung aufgegriffen und das Konzept der »Zwiegespräche« entwickelt. Er schreibt in seinem Buch »Die Wahrheit beginnt zu zweit«: »Die Grundordnung umgreift etwa folgendes: Zwiegespräche brauchen wenigstens einmal in der Woche anderthalb Stunden ungestörte Zeit. Die Regelmäßigkeit ist das

Geheimnis des Erfolgs ... Jeder spricht über das, was ihn bewegt: Wie er sich, den anderen, die Beziehung und sein Leben erlebt. Er bleibt also bei sich. Das Gespräch hat kein anderes Thema. Es ist offen. Reden und Zuhören sollten möglichst gleich verteilt sein. Schweigen und Schweigenlassen, wenn es sich ergibt. So sind ausgeschlossen: bohrende Fragen, Drängen, Kolonialisierungsversuche. Zwiegespräche sind kein Offenbarungszwang. Jeder entscheidet für sich, was und wie viel er sagen mag. Beide lernen durch die Erfahrung, dass größtmögliche Offenheit am weitesten führt.« (S. 121)

Dieser »zwecklose« Austausch ist für eine Partnerschaft bedeutsam. Es mag sich am Anfang ungewohnt anfühlen, einfach so miteinander über sich zu sprechen. Daher ist es auch entscheidend, diese Gesprächsform von der der Konfliktgespräche zu trennen. Es geht bei Zwiegesprächen nicht darum, ein Problem zu klären oder sich gar durchzusetzen. Die Zwecklosigkeit hilft, vielleicht bestehendes Misstrauen zu begrenzen. Zwiegespräche sind in ihrem Ergebnis offen und allein davon bestimmt, sich gegenseitig mitzuteilen und zu verstehen. Dabei entwickelt sich allein schon durch das regelmäßige Zusammenkommen und Sprechen ein größeres Miteinander. In solchen offenen und ehrlichen Mit-teilungen bildet sich zudem das, was sich viele Paare besonders von Partnerschaften wünschen: Vertrauen und Verständnis. Beides kann nicht von Anfang an vorhanden sein. Ich schrieb das bereits. Aber im offenen Mitteilen eigener Empfindungen und Sichtweisen sowie in der neugierigen Wahrnehmung des anderen, entwickelt sich Vertrauen und Verständnis in einer Weise, die weder vorausgesetzt noch erzwungen werden kann.

Trennung

An dieser Stelle noch ein Wort zu Trennungen. Aus den bisherigen Ausführungen sollte deutlich geworden sein, dass eine Partnerschaft nur selten der wirkliche Grund für eine Trennung ist. Ähnlich wie ich es anhand des Themas der Verletzungen in einer Partnerschaft dargestellt habe, bietet der Partner nur in wenigen Fällen Anlass für eine Trennung. Das mag es ab und an geben, jedoch sehr viel seltener als es allgemein zur Begründung herangezogen wird. Es sind vor allem zwei Punkte, die zu einer Trennung führen. Zum einen ist es die enttäuschte Erwartung, dass der andere das Glück bringt. Zum anderen ist es der eigene Unwille, sich auf eine Partnerschaft einzulassen.

Es gibt viele Paare, die sich und dem anderen die unausweichlichen Begrenzungen, denen jeder Mensch und damit auch jede Partnerschaft ausgesetzt sind, übel nehmen. Sie rutschen schnell in einen Partnerschaftskrieg, der immer unsäglicher wird, je länger er dauert. Es geht dann darum, den anderen in die Liebe zwingen zu wollen, recht zu haben, gewinnen zu wollen. Es wird mit Verletzungsvorwürfen manipuliert, der andere wird analysiert. Es wird beschworen, gefleht, gegiftet. Es wird sich resigniert zurückgezogen, der andere durch Schweigen oder Fremdgehen bestraft. Und so weiter, und so fort. Das alles geschieht aus der Enttäuschung heraus, dass Partnerschaft begrenzt ist und die eigene Seele nicht heil macht. Zugleich – und das ist das Bittere daran – wird all das ausgeschlagen, was möglich wäre. Und so lässt sich das Scheitern einer Partnerschaft einerseits als Enttäuschung verstehen, andererseits aber auch als Weigerung, sich dem Möglichen zu öffnen. Und Trennungen sind dann mit der Hoffnung verbunden, in einer nächsten Partnerschaft einen besseren Partner zu finden, mit dem sich die Illusionen erfüllen sollen. Das führt dann sehr oft ins nächste Scheitern.

Wir fragen Paare zumeist schon in der ersten Beratungsstunde, ob sich einer von beiden bereits aus der Partnerschaft verabschiedet hat. Es ist bei Paaren, die eine Paarberatung aufsuchen, häufig der Fall, dass einer die Partnerschaft bereits aufgegeben hat und der andere es nicht wahrhaben möchte. Der Trennungswillige ist dann aus schlechtem Gewissen bereit, in eine Paarberatung mitzugehen. Dass diese dann keinen Sinn macht und scheitern muss, wird jeder verstehen. Eine Paarberatung kann nur eine positive Entwicklung nehmen, wenn beide gleichermaßen an ihr interessiert sind.

Wenn einer von beiden sich bereits aus der Partnerschaft verabschiedet hat, bleibt uns als Paarberatern lediglich, diese Tatsache ans Licht zu holen. Wir machen dem Trennungswilligen Mut, seinen Entschluss zu äußern, und verdeutlichen dem anderen, dass er gegen eine solche Absicht keine Chance hat, die Partnerschaft aufrecht zu erhalten. Das würde höchstens die Quälerei, der beide in einer solchen Situation ausgesetzt sind, verlängern. Zumeist sind beide nach einer solchen Stunde erleichtert. Es wird etwas ans Licht geholt, was auch derjenige zumeist schon ahnte, der an der Partnerschaft festhalten wollte.

In der Paarberatung gibt es in einem solchen Fall die Möglichkeit, die Trennungsmodalitäten zu besprechen. Vor allem aber machen wir beide darauf aufmerksam, dass die Partnerschaft nicht am jeweils anderen, sondern immer an sich selbst gescheitert ist. Das bedeutet, dass die Trennung nur dann Sinn macht, wenn beide durch sie in einen Reifungsprozess gelangen und lernen, von einer Partnerschaft das Mögliche, das Richtige und das Gute zu erwarten – und sich vor allem genau dafür einsetzen. Vorher sollte keine neue Partnerschaft eingegangen werden.

Ein Phänomen, das mir bei solchen Trennungspaaren übrigens immer wieder auffiel, fällt mir schwer zu verstehen: Es sind sehr häufig Paare, bei denen beide in ihrer seelischen Qualität sehr gut zusammenpassen. Von außen betrachtet gibt es keinen Grund, warum die beiden nicht miteinander klarkommen sollten. Und doch muss selbst ich, der Partnerschaft als ein einfaches Geschäft versteht, akzeptieren, dass es keinen Sinn macht, an etwas festhalten zu wollen, das die beiden Partner nicht gleichermaßen wollen.

Liebevoller Umgang miteinander

Partnerschaft ist auf Ausgleich bedacht. Das ist normal und richtig. Und doch kann das nicht für jede Situation gleichermaßen gelten. Genau das ist eine der großen Chancen einer auf Dauer angelegten Partnerschaft. Während kürzer dauernde oder nicht so nahe Beziehungen auf ein gleichzeitiges Geben und Nehmen aus sind und sein müssen, damit bei beiden das gute Gefühl bestehen bleibt, kann es sich eine Partnerschaft durchaus leisten, den Ausgleich beim Geben und Nehmen auf einen längeren Zeitraum zu verteilen.

Da ist beispielsweise ein Paar, das sich einen gemeinsamen Wandertag vorgenommen hatte. Einen Tag zuvor knickt jedoch die Frau mit ihrem Fuß um und hat nun bei jedem Schritt Schmerzen. An Wandern ist nicht mehr zu denken. Der Mann könnte sich also betrogen fühlen. Er könnte sagen: »Ich habe mich so auf das Wandern gefreut und nun hast du mir mal wieder alles verdorben!« Er kann sich den gesamten nächsten Tag ärgern und der Frau mit Worten oder auch nur mit Blicken permanente Vorwürfe machen. Es ist aber ebenso möglich, dass er sich seiner Frau zuwendet, mit ihr das Bedauern über das nicht stattfindende Wandern teilt und sie umsorgt. Er könnte so seiner Partnerin zeigen, wie sehr er sie mag und dass solch ein missliches Ereignis beide Partner nicht auseinanderzubringen vermag.

Dieses Verhalten hätte zwei Vorteile. Zum einen hätten beide die Möglichkeit, trotz des ausgefallenen Wanderns noch einen schönen Tag miteinander zu verleben. Zum Zweiten wäre es für die Partnerschaft gut. Gerade das Zusammenstehen in solchen Misslichkeiten kann beide noch mehr zusammenbringen und lässt die gegenseitige Zuneigung wachsen. Das ist mehr wert als jedes Wandern.

Es scheint mir ein Zeichen unserer heutigen Zeit zu sein, dass solch ein liebevoller Umgang zwar von fast allen Menschen gewünscht, manchmal sogar vom Partner gefordert, aber eher selten gegeben wird. Dabei kann gerade dieses Verhalten niemals vom anderen verlangt, sondern immer nur selbst gegeben werden. Die Frage, wie der Partner (endlich) liebevoll zu mir wird, lässt sich daher sehr einfach beantworten: Indem ich liebevoll zu ihm bin.

Es geht bei einer Partnerschaft um das Miteinander. Und das schließt eben auch ein, sich manchmal dem anderen zuzuwenden und etwas für ihn zu tun. Dies braucht auf Dauer sicher auch eine Gegenseitigkeit. Aber die kann sich nur entwickeln, wenn nicht sofort nach dem Ausgleich gefragt wird. Und dabei ist das Wort »entwickeln« mit Bedacht gewählt. Es wäre irrig anzunehmen, ein liebevoller Umgang ist von Anfang an vorhanden. Häufig ist es zu Beginn einer Partnerschaft dem Verliebtsein geschuldet, dass man annimmt, der liebevolle Umgang sei bereits vorhanden. Aber das Verliebtsein ist eine Ausnahmesituation, die eher als Rausch denn als Liebe bezeichnet werden sollte. Es stellt sich nach ein paar Monaten ohnehin Ernüchterung ein und erst dann erweist sich, ob beide wirklich bereit sind, eine Partnerschaft einzugehen. Ein wesentliches Merkmal des liebevollen Umgangs ist, dass er nicht etwaige Fehler und Begrenzungen des Partners verdrängt oder nicht sehen will, sondern gerade in deren Wissen erfolgt. Erst dadurch ist eine Herzensbeziehung möglich. Und die muss sich über die Jahre erst entwickeln. Das ist ein Naturgesetz.

Ich hatte zu Beginn des Buches als dritten Grund für das Eingehen einer Partnerschaft das Füreinander-da-Sein genannt. Dies ist als eine Steigerung dessen anzusehen, was ich als »liebevollen Umgang« bezeichne. Das Füreinander-da-Sein fragt nicht nach dem Ausgleich von Geben und Nehmen, auch nicht in der Zukunft.

Es ist damit jedoch an extreme Situationen gebunden. Das kann eine tödliche Krankheit oder Altersdemenz des Partners sein, vielleicht auch ein schwerer beruflicher Rückschlag. Hier lässt sich kein Gleichgewicht von Geben und Nehmen erwarten. Daher sind solche Herausforderungen vom beschriebenen liebevollen Umgang zu unterscheiden. Es ist eine Situation, in der einer der beiden Partner nur gibt. Somit besteht immer auch die Möglichkeit, dass derjenige, der in einer solchen Situation gefordert ist, das nicht zu leisten vermag. Das lässt sich dann nicht ändern und er sollte es sich auch nicht zum Vorwurf machen.

Der alltägliche liebevolle Umgang aber fragt zwar nicht nach einem sofortigen Ausgleich. Aber er ist letztlich doch auf ein Geben und Nehmen aus. Somit gehört er genau genommen zu den Lebenserleichterungen, die eine Partnerschaft leisten soll. Denn natürlich ist eine Partnerschaft in ihrem Wesen darauf angelegt, dass sich beide Partner vertrauter und damit bereiter werden, liebevoll miteinander umzugehen. Es kann ja nicht Sinn einer Partnerschaft sein, stetig in immer größer werdenden gegenseitigen Hass hineinzurutschen, auch wenn wir das schon öfter bei Paaren erlebt haben. Ich bin überzeugt, dass in jeder Partnerschaft eine stetige Öffnung der Herzen passiert, wenn das Miteinander in den Mittelpunkt gestellt wird.

Aber noch einmal: Passen Sie auf sich auf. Liebevoller Umgang lässt sich nicht fordern, sondern nur geben. Und auch der liebevolle Umgang ist in jeder Partnerschaft begrenzt. Jeder kann auch mal nicht mehr. Jeder hat seinen eigenen »Film«, in den er hineinrutscht, wenn sich der andere vielleicht bedürftig zeigt. Eine *selbst gestellte* Aufforderung zum liebevollen Umgang gegenüber dem Partner kann dann eventuell helfen, sich ihm zuzuwenden. Aber das funktioniert eben nicht immer.

Es kann also sein, dass es dem Mann in unserem Beispiel nicht möglich ist, sein Wanderbedürfnis vollkommen hinten anzustellen. Vielleicht fragt er einen Freund, ob er mit ihm wandern geht. Dann sind gegenseitige Vorwürfe – sowohl vom Mann als auch von der Frau – unangebracht. Vielleicht zeigt sich sein liebevoller Umgang in dieser Situation nur darin, dass er ohne Groll das Seinige tut, vielleicht vermag er seiner Partnerin vor dem Wandern noch ein wenig zu helfen, damit sie gut über den Tag kommt. Liebevoller Umgang kann also sehr unterschiedlich aussehen – und er ist immer auch begrenzt.

Vom Können und Wollen

Ich möchte noch einmal auf Sexualität zurückkommen. In aller Regel träumen Frauen wie Männer davon, den möglichst besten Sex zu erleben – falls sie sich nicht bereits in ein Leben ohne Sexualität geflüchtet haben. Doch was, um alles in der Welt, ist »bester Sex«?

Auf diese Frage lässt sich sinnvoll nur allgemein antworten. Denn jeder stellt sich unter »bestem Sex« etwas anderes vor. Und was der Einzelne dann konkret umsetzen möchte, sieht noch einmal sehr verschieden aus. Es lassen sich jedoch wesentliche Prinzipien beschreiben. Denn jenseits aller individuellen Ausprägung sind einige Irrtümer verbreitet, die das partnerschaftliche Sexualleben unnötig verkomplizieren.

Den ersten Irrtum hatte ich bereits im Kapitel »Guter Sex und körperliche Nähe« angesprochen. Es ist der Glaube, dass Sex eine Frage der Technik sei. Es herrscht die Vorstellung vor, dass partnerschaftliche Sexualität dann zum »besten Sex« wird, wenn der Partner endlich dieses oder jenes mitmachen würde.

Nun lässt sich wenig gegen Abwechslung auch in der Sexualität sagen. Die Lust am Ausprobieren und am Entdecken ist wichtig und gut. Aber es besteht eben auch die Gefahr, über die Abwechslung die Distanz in der gegenseitigen sexuellen Begegnung zu überspielen oder Nähe gar zu verhindern. So wichtig der Sex an sich ist – zur Triebabfuhr, zur Entspannung – so wenig wird er zum »besten Sex«, wenn das innige Berührtsein fehlt. Damit ist nicht gemeint, dass es unbedingt oder allein um sanftes Berühren, Kuscheln und Streicheln geht. »Bester Sex« kann durchaus auch hart und nehmend sein. Worum es mir geht, ist die Seelenberührung, das tiefe Aufgewühltsein, das sich einstellt, wenn Sex zum »besten Sex« wird. Daher gehe ich davon aus, dass »bester Sex« nicht in einer kurzen, flüchtigen Beziehung stattfinden kann, sondern eine länger währende Partnerschaft braucht. Es geht um Nähe, und das Sich-aufeinander-Einlassen. Zugleich ist »bester Sex« mit Erfahrung verbunden: mit Lebens- wie mit Selbsterfahrung. »Bester Sex« wird mit steigenden Lebensjahren wahrscheinlicher.

Und hier stoßen wir auf ein eigentümliches Paradox: Die verbreitete Vorstellung ist, dass langdauernde Partnerschaften vor allem im Bett langweilig werden. »Wir sind doch schon vier Jahre zusammen«, sagte mir ein Mann, als er mir erklären wollte, warum das Sexleben zwischen ihm und seiner Partnerin fast eingeschlafen ist. Die Vorstellung, dass der »beste Sex« gerade zwischen den beiden möglich sein könnte, schien ihm völlig absurd.

Aber natürlich gilt auch hier: Wer nichts für sein Sexleben tut, für den wird es auch immer unbefriedigender. Wenn ich behaupte, dass »bester Sex« in einer länger währenden Partnerschaft wahrscheinlicher wird, dann bedeutet das nicht, er muss dann auch stattfinden. Vermutlich ist es wirklich häufiger so, dass die Sexualität vieler Paare mit den Jahren trister wird.

Bei einer Belebung des partnerschaftlichen Sexes helfen weder heimliche Träume noch Vorwürfe dem Partner gegenüber. Es muss aktiv etwas dafür getan werden. Auch hier sind wieder beide gefragt – und auch beide sind für sich in der Lage, etwas zu ändern. Dabei können die bereits angesprochenen Zwiegespräche helfen. Sie bieten eine hervorragende Möglichkeit, über die beidseitigen Erwartungen und Ängste zu sprechen. Man kann sich offenbaren und auf diesem Wege zugleich manche blockierende Fantasie über die Erwartungen und Ängste des Partners beseitigen. Aber Sie müssen es wollen und auch tun! Allein wird nichts. Und zu viele Paare warten darauf, dass der Partner endlich einmal die Initiative ergreift.

Das zentrale Problem für viele zahlreiche Paare beim Sex ist, was ich als die »Macht des Alltags« bezeichne. Die alltäglichen Notwendigkeiten, die Verpflichtungen, die Arbeit, das Familienleben – all das fordert Kraft und lässt Energie schwinden. Es gilt daher, sich immer wieder Freiräume zu schaffen, die allein dem Paar gehören. Und wenn diese Freiräume nicht von allein entstehen (und das machen sie sehr selten), dann müssen sie geschaffen werden. Ich finde es immer wieder erstaunlich, dass sich Menschen ihre Terminkalender mit unzähligen Verabredungen, Treffen und Aufgaben füllen – aber eine Verabredung zum Sex rundweg ablehnen.

Wenn ein Paar in Paarberatungen berichtet, dass ihre Sexualität fast vollkommen eingeschlafen ist und wir dann in diesem Gespräch den Vorschlag machen, dass sich beide zum Sex verabreden sollen, stoßen wir häufig auf Unverständnis. Es besteht die Vorstellung, dass sich die sexuelle Begegnung »einfach so« ergeben sollte. Es wird die Meinung vertreten, es müsse erst die Situation stimmen und die notwendige Romantik vorhanden sein, sonst könne man sich nicht darauf einlassen. »Ich kann doch keinen Termin zum Sex machen, wenn ich gar nicht weiß, ob ich dann wirklich Lust dazu habe.«

So verbreitet solche Vorstellungen sind, so unrealistisch sind sie. Denn offensichtlich funktioniert es mit der Spontanität längst nicht wie gewünscht. Es gibt sicher kein Gesetz, das vorschreibt, man müsse sich zum Sex verabreden. Wenn es ohne Verabredung zur Zufriedenheit der Beteiligten klappt, dann ist es doch gut. Aber wenn das nicht funktioniert, dann sollte nach neuen Wegen gesucht werden. Und einer dieser möglichen Wege ist die Verabredung.

Wenn wir genauer hinschauen, entdecken wir, dass verabredeter Sex sehr viel häufiger vorkommt als allgemein angenommen. So treffen sich Paare zu erotischen Dates und kämen ebenso wenig auf die Idee, das als falsch zu empfinden, wie frisch Verliebte, für die ebenso klar ist, dass es beim nächsten Treffen »zum Äußersten« kommt – selbst wenn es noch einige Tage hin ist. In Partnerschaften aber scheint es schwer vorstellbar, einen Sextermin zu vereinbaren?

Die Chancen, die sich durch einen solchen Termin ergeben, sind verlockend: Er gibt Sicherheit. Es lässt sich der notwendige Freiraum planen und herstellen: Babysitter organisieren, Handy ausmachen, Türklingel abstellen oder was auch immer sonst noch notwendig ist, um eine störungsfreie Zeit zu haben. Es lassen sich schöne

Vorbereitungen treffen: Raum herrichten, Kerzen anzünden, Wein oder Sekt bereitstellen, Musik heraussuchen ... Und solch ein verabredeter Termin bietet zudem die Möglichkeit, etwas Neues auszuprobieren und von den festgefahrenen Abläufen wegzukommen.

Wir unterscheiden beim Sex in der Partnerschaft gern zwischen »Alltagssex« und »Highlightsex«. Der Alltagssex ist der normale Sex, der auch mal zwischendurch stattfindet, der (hoffentlich) schön, aber eben nicht außergewöhnlich ist. Dagegen lässt sich der Highlightsex als »bester Sex« bezeichnen. Er ist herausgehoben aus dem Alltag, bietet die Möglichkeit für Überraschendes und vor allem für innige Berührung. Doch Highlightsex findet eher selten unvorbereitet statt. Eine Terminabsprache zum Sex kann also ein Aufbruch zu neuen Ufern sein. Auf jeden Fall aber bietet sie die Möglichkeit, die in manchen Partnerschaften anzutreffende Richtung hin zur Asexualität zu stoppen.

Sehr oft fällt es Männern leichter, sich auf Sextermine einzulassen. Wir treffen dabei auf einen verbreiteten Unterschied zwischen Männern und Frauen beim sexuellen Begehren. Ich habe es einmal auf die schlichte Formel gebracht: »Wenn Männer können, dann wollen sie. Wenn Frauen wollen, dann können sie.«

Selbstverständlich lässt sich lange darüber diskutieren, welche Unterschiede es zwischen Frauen und Männern in der Sexualität gibt und ob diese biologisch oder kulturell bedingt sind. Auf der einen Seite besetzen Frauen wie Männer das gesamte Spektrum sexueller Wünsche und sexuellen Verhaltens. Andererseits gibt es jedoch kaum einen Bereich menschlichen Verhaltens, das statistisch so geschlechtsspezifisch unterschieden ist. Man denke nur an solche Phänomene wie die Inanspruchnahme von Prostitution, Ausprägungen von schwuler (also ungebremst männlicher) Sexualität oder auch strafbewährte Verhaltensweisen wie Exhibitionismus. Dies soll hier nicht weiter ausgeführt werden, zeigt aber, dass es *in der Tendenz* deutliche Unterschiede zwischen weiblicher und männlicher Sexualität gibt.

In heterosexuellen Paarbeziehungen führt das dazu, dass das Begehren zwischen Frauen und Männern häufig unterschiedlich ist. Männer wollen zumeist öfter, Frauen wollen es zumeist liebevoller. Wenn sich diese Konstellation bei einem Paar ungünstig verquickt, kann sich ein deprimierender Kreislauf entwickeln: Die Frau möchte, dass der Mann sich zärtlich nähert, dann kann es *vielleicht* zum Sex kommen. Das ist davon abhängig, ob sich bei der Frau in der zärtlichen Phase Lust entwickelt. Der Mann möchte sich jedoch nur dann zärtlich nähern, wenn dies *sicher* beim Sex endet. Er ist von dem wenigen Sex so frustriert, dass er nicht immer wieder investieren möchte, ohne dass sein Trieb befriedigt wird. Im Ergebnis ziehen sich beide resigniert voneinander zurück.

Doch trotz der für beide unüberbrückbar scheinenden Unterschiede zeigt gerade dieses Beispiel, dass solche Probleme kein Schicksal sind. Die Unterschiedlichkeit von Frauen und Männern ist kein Grund, dass beide nicht zusammenkommen. Und es liegt auch nicht am Unwillen des jeweiligen Partners, wie konkret Betroffene gern glauben. Es ist die Entscheidung des einen wie der anderen, aus dem frustrierenden Kreislauf herauszutreten und auf den Partner zuzugehen. Die Frau hat die Möglichkeit, sich *für ihre Lust* zu entscheiden und sich einzulassen. Es ist eine

Illusion zu glauben, erst müsse die volle Lust da sein und dann könne Mann/Frau sich einlassen. Oft kommt der Spaß erst beim Tun. Es ist also manches Mal zunächst eine bewusste Entscheidung gefordert, die dann das Gefühl nach sich zieht.

Der Mann ist ebenso gefordert, nicht in missmutiger Resignation zu verharren. Auch er muss sich *für seine Lust* entscheiden und offensiv seine Bedürfnisse vertreten. Es geht dabei nicht darum, sich um jeden Preis durchzusetzen, sondern für sich und seine Bedürfnisse einzutreten. Wie das geht, habe ich bereits in den Kapiteln »›Das 50 zu 50 und 100 zu 100‹-Paradox« und »Paar-gespräche« erläutert.

Auch hier müssen wir also feststellen, dass Paare sehr oft an Problemen zu scheitern drohen, die sie eigentlich nicht haben müssten, beziehungsweise die vergleichsweise einfach zu lösen sind. Gerade beim Sex zeigt sich, dass Partnerschaft einfach ist.

Ein ernsthaftes Problem gibt es jedoch in der Sexualität (wie in der Partnerschaft allgemein): Es erfüllen sich nicht alle Träume vom »besten Sex«. Auch hier gilt wieder, dass jeder Mensch begrenzt und grundsätzlich nicht in der Lage ist, all seine Wünsche umzusetzen. Und selbst der durchaus mögliche Highlightsex kann nicht nach Belieben reproduziert werden. Wenn er zwei-, dreimal im Jahr gelingt, ist das ein lohnenswertes Sexualleben. Dazwischen muss eben immer wieder der schöne, wenn auch nicht außergewöhnliche Alltagssex reichen.

So könnte es sein, dass auch hier wieder der heimliche Gedanke entsteht, mit einem anderen Partner ließe sich der tollste Sex umsetzen. Ich habe mit einem Mann gesprochen, der seine Frau verließ, weil er bei einer Prostituierten war und sich in diese verliebte. Doch als er dann mit der vermeintlichen Sexgöttin in Partnerschaft lebte, war der Sex recht schnell auf das Niveau gesunken, das er schon aus seiner Ehe kannte. Und es wäre ein Irrtum zu glauben, dies läge allein an den Frauen. Für den Mann gilt, was jeden Menschen trifft, der sich auf Partnerschaft einlässt: Der eigentliche Schmerz der Partnerschaft ist, in den Grenzen des anderen die eigenen Grenzen erkennen zu müssen.

Kritische Lebensereignisse

Als kritische Lebensereignisse werden besonders einschneidende Veränderungen der Lebenssituation bezeichnet. Dies können individuelle Ereignisse sein, die freiwillig angestrebt werden (beispielsweise ein Berufswechsel) oder als unvorbereitete Schicksalsschläge treffen. Es gibt aber auch kritische Lebensereignisse, die sehr viele Menschen treffen, die »normal« scheinen und die doch von jedem Einzelnen bewältigt werden müssen.

Das ist überhaupt die entscheidende Charakteristik der kritischen Lebensereignisse: Sie erfordern eine Neuorientierung im Leben und das braucht Energie und Willen, die Veränderungen so umzusetzen, dass das Leben in einer guten Weise fortgeführt werden kann. Natürlich bedeutet das nicht, dass alles so weitergeht wie bisher. Die Macht der kritischen Lebensereignisse bewirkt ja gerade die Veränderung. Aber es macht einen Unterschied, ob der Betroffene bereit ist, sich diesen Veränderungen zu stellen und aktiv an deren Gestaltung mitzuwirken, oder ob er sich vom Schicksal treiben lässt. Kritische Lebensereignisse können zu einer Persönlichkeitsreifung oder in Verzweiflung und Resignation führen.

Es gibt drei Ereignisse, denen sich viele Paare im Laufe ihres Lebens stellen müssen. Es sind also keine individuellen Schicksalsschläge, sondern alltägliche Ereignisse, die nichtsdestotrotz für die Paare eine Herausforderung darstellen. Es ist die Geburt des ersten Kindes, es ist das Aus-dem-Haus-Gehen der Kinder und es ist der Renteneintritt.

Die Geburt des ersten Kindes ist zugleich die Geburt der Familie. Die Partner werden Eltern und müssen zwangsläufig ihren Alltag neu gestalten. Diese Umstellung fällt oft nicht leicht, zumal ein Kind gerade in der ersten Zeit viel Aufmerksamkeit erfordert und sich faktisch alle Verrichtungen im Haushalt verändern. Hinzu kommt die emotionale Dimension. Es wird sehr gern von einem »freudigen Ereignis« gesprochen, was auch stimmt. Wer sein Elternwerden aufmerksam erlebt, wird das Wunderbare dieses neuen Menschen begreifen und sein Herz berühren lassen. Es gibt kaum etwas Beglückenderes. Auf der anderen Seite aber ist ein Kind auch anstrengend. Es fordert die Eltern voll und ganz und bringt sie manches Mal an die Grenze des Leistbaren.

Die Schwierigkeit für die Partnerschaft – und darum geht es an dieser Stelle – liegt in der faktischen Kraft der Familiensituation. Die Familie nimmt einen Raum ein, hinter dem die Paarebene oftmals an Bedeutung verliert. Sicher ist auch die Gestaltung des Familienlebens eine partnerschaftliche Herausforderung, kann beiden Freude bereiten und den Zusammenhalt stärken. Aber oftmals geht im Familienalltag die Zweisamkeit verloren.

Das mag am Anfang bei der Bewältigung der neuen Situation notwendig sein. Aber zahlreichen Paaren gelingt es auch später kaum noch, das »Paar ohne Kinder« weiterleben zu lassen. Natürlich findet weiter Sex statt, aber häufig reduziert er sich und wird zur Alltagsgewohnheit. Ansonsten gehen beide Partner gern eigene Wege und freuen sich, wenn mal niemand etwas von ihnen will. Moderne Eltern haben es oftmals gelernt, sich gegenseitig Freiraum zu geben. Aber die Notwendigkeit des partnerschaftlichen Freiraums wird häufig nicht gesehen und schon gar nicht geschaffen. Dieser besteht auch nicht nur aus Sex oder einem gemeinsamen Fernsehabend. Es geht um die innere Verbindung, die beide auch jenseits der Kinder haben. Und diese sind in ihrer eigenen Persönlichkeitsentwicklung auch darauf angewiesen, dass sich der Zusammenhalt der Eltern nicht nur über den Familienalltag definiert.

Es gilt also, die Partnerschaft zu pflegen. Das kann über gemeinsame Aktivitäten passieren, über einen regelmäßigen Partnerschaftsabend ohne Kinder oder anderes mehr. Wichtig ist, dass es eine wirklich kinderfreie Zeit ist. So kenne ich ein Paar, das monatlich eine Nacht im Hotel übernachtet, weil sie da wirklich nicht gestört werden können. Doch egal, was man sich konkret einfallen lässt, es braucht den bewussten Willen und das aktive Tun. Von allein schleicht sich eher die Trägheit ein. Und da der Familienalltag zwangsläufig viel Aufmerksamkeit und Kraft fordert, müssen beide Partner die Initiative ergreifen und Entscheidungen treffen. Warten Sie nicht auf den anderen!

Häufig mag das immer geringer werdende partnerschaftliche Miteinander erst einmal nicht auffallen. Aber spätestens dann, wenn die Kinder größer werden und immer weniger Fürsorge bedürfen, wird das Dilemma deutlich. Die »entlassenen Eltern« wissen dann oft nichts mehr, miteinander anzufangen. Das kann man zunächst vielleicht damit kompensieren, dass man sich verstärkt in die beruflichen Aufgaben stürzt. Aber auch das führt das Paar nicht zusammen. Und ist es denn wirklich schön, nach Hause zu kommen und dort Langeweile vorzufinden?

Der Auszug der Kinder markiert den Höhepunkt dieser Entwicklung. Und es gibt Paare, die in dieser Situation anfangen, sich zu hassen. Andere warten sehnsüchtig auf die Enkelkinder, um die Leere in ihrem Leben auszufüllen. Und es ist leicht zu verstehen, dass diese Leere mit dem Renteneintritt noch größer werden kann.

Es ist also von entscheidender Bedeutung, dass sich ein Paar nicht in der Familie verliert. Und es ist ebenso wichtig, bei der zunehmenden Entlastung von den elterlichen Aufgaben, die Partnerschaftsebene verstärkt zu beleben. Dabei ist es immer möglich, Änderungen im Miteinander umzusetzen. Regelmäßige Zwiegespräche können vereinbart und gemeinsame Aktivitäten geplant und umgesetzt werden. Denken Sie daran, dass es für eine Veränderung des gemeinsamen Lebens nie zu spät ist. Selbstverständlich sehen diese von Paar zu Paar unter-schiedlich aus und hängen auch vom Alter ab. Aber Schritte zu einem größeren Miteinander lassen sich immer gehen. Die Resignation, die manches Paar befallen hat, liegt letztlich nur daran, dass vom jeweils anderen der erste Schritt erwartet wird. Das muss in Enttäuschung enden.

Liebe

Zu Beginn meiner Ausführungen äußerte ich Zweifel, ob Partnerschaft und Liebe wirklich so unauflöslich zusammengehören, wie es oft behauptet wird. Diese Zweifel sind ebenso begründet wie falsch.

Begründet sind sie, weil häufig für Liebe gehalten wird, was eigentlich egoistischen Motiven erwächst. Man glaubt, den anderen zu brauchen und Bestätigung von ihm zu erhalten. Man wünscht, vom Partner etwas zu bekommen, was man selbst nicht hat, sich aber sehnlichst wünscht. All das kann es in einer Partnerschaft auch mal punktuell geben, jedoch nie in der grundsätzlichen Weise, die erwartet wird.

Problematisch wird es spätestens dann, wenn der Partner die Wünsche enttäuscht. In den Vorwürfen, die manchmal bis zum Hass reichen, zeigt sich, wie wenig die vermeintliche »Liebe« den anderen meint und vielmehr eigenen Interessen dient. Man muss sich diese Eigeninteressen auch nicht unbedingt zum Vorwurf machen. Kaum jemand ist in der Lage, dem anderen frei von Selbstsucht zu begegnen. Es gilt nur, die eigenen Wünsche in die eigene Verantwortung zu nehmen und sie nicht noch als »Liebe« zu bezeichnen. Sagen Sie Ihrem Partner statt »Ich liebe dich.« besser: »Ich brauche dich.« Das wäre ehrlicher und setzt ihn nicht unter emotionalen Druck. Zugleich würde das Miteinander ehrlicher, einfacher und nüchterner. Das schafft eine Verhandlungsbasis, die das Mögliche möglich macht und die übergroßen Erwartungen bremst.

Wenn Liebe jedoch nicht als Schicksal verstanden wird, das die Menschen einfach so trifft und in erster Linie dazu da ist, Sehnsüchte zu erfüllen – wenn also Liebe selbst nüchtern gesehen wird, dann können Partnerschaft und Liebe durchaus eine Einheit bilden.

Es gibt drei Dimensionen der Liebe, die in einer guten Weise Partnerschaft bestimmen können. Da ist zum einen die gegenseitige Zuneigung, die Verbundenheit, die Vertrautheit. Diese Gefühle lassen sich als Liebe bezeichnen, auch wenn sie nicht immer und in jeder Situation gleichermaßen empfunden werden. Zudem ist diese Art von Liebe etwas, was sich entwickelt, erst mit den Jahren stärker wird und vor allem erarbeitet werden muss. Lässt man die Partnerschaft einfach so laufen, können schnell Gleichgültigkeit, Resignation und Verachtung wachsen.

Zuneigung, Verbundenheit und Vertrautheit sind Empfindungen, die überhaupt nichts mit der anfänglichen Verliebtheit zu tun haben. Verliebtheit ist die kindliche Hoffnung, dass sich die Sehnsucht erfüllt, es sei jemand ganz für einen da. Es ist streng genommen ein Gefühl des Selbstbetrugs. Der Sinn von Verliebtheit besteht vermutlich lediglich darin, sich überhaupt auf eine Partnerschaft mit einem anderen Menschen einzulassen. Die eigentliche Partnerschaft beginnt jedoch erst, wenn die Verliebtheitsphase vorbei ist. Und das, was Verliebtheit so schön macht, ist zugleich ihr größter Stolperstein. Denn sie muss in Enttäuschung enden. Erst wenn beiden Partnern klar wird, dass sich die Sehnsüchte nicht wie gewünscht erfüllen, und erst wenn sie die Fehler des anderen erkennen, wird Partnerschaft und damit Liebe machbar.

Aber das erfordert dann eben auch, sich auf das unvollkommen Mögliche einzulassen und es sich zu erarbeiten. Im Gegensatz zur Verliebtheit sagt Liebe in der nüchternen, einfachen, aber eben auch wahrhaftigen Variante: »Ich sehe, was du Gutes hast und tust und worin deine Fehler liegen. Ich weiß, was ich von dir erwarten kann und was nicht. Ich bin bereit, mir nichts vorzumachen – über Dich nicht, über mich nicht und über uns nicht. Ich bin froh, dass du mein Partner bist.«

Die zweite Dimension partnerschaftlicher Liebe liegt in der bereits angesprochenen »horizontalen Differenzierung«, also der Anerkenntnis der grundsätzlichen Unterschiedenheit beider Partner. Es geht darum, auch in einer Partnerschaft ein stabiles Selbst zu bewahren und nicht mit dem anderen in einer fortwährenden Übereinstimmung sein zu wollen. Es mag für manch einen eigentümlich klingen. Aber die Eigenständigkeit *in* einer Partnerschaft ist ein Liebesdienst für sich selbst und für den Partner. Es bedeutet die Annahme des Eigenverantwortlichseins. Es bedeutet, den Partner in seiner Eigen- und Andersartigkeit zu lassen und von ihm nicht zu erwarten, dass er für mich da ist. In diesem Sinne ist Eigenständigkeit in der Partnerschaft keine Voraussetzung für Liebe, sondern ist sie bereits. Den anderen nicht mit seinen Interessen, Vorstellungen und Erwartungen okkupieren zu wollen, ist Liebe.

Und auch hier gilt, die eigene Begrenzung wahrzunehmen. Denn kaum jemand wird dieses Ideal in vollkommener Weise umsetzen können. Jede Eigenständigkeit hat seine Grenze. Als Beispiel lässt sich Eifersucht nennen, von der kaum ein Paar frei ist. Es kann auch nicht darum gehen, große Ideale zu vertreten und dabei die eigene

Begrenzung zu ignorieren. Aber dann sollten wir eben auch so ehrlich sein, von begrenzter Liebe zu sprechen und nicht Eifersucht mit Liebe zu verwechseln.

Die reale Begrenzung betrifft auch die dritte Dimension der Liebe. Sie meint das Tun, das nicht nach sich fragt, sondern den anderen im Blick hat. Es ist das Für-den-anderen-da-Sein, von dem ich bereits eingangs als »Zugabe« für eine Partnerschaft sprach. Es gibt liebevolles Tun für den anderen, das nicht danach fragt, ob daraus wieder etwas für sich selbst zurückkommt. Es kann aber auch die Akzeptanz und innere Zustimmung sein, dass der andere einen Weg geht, der vielleicht von einem selbst wegführt. Es ist die Dimension der Liebe, die nicht erwartet, sondern nur gibt.

Es mag Situationen geben, in denen man genau hier gefragt ist. Ist man beispielsweise bereit, den anderen in innerer Freiheit gehen zu lassen, auch wenn man es selbst gar nicht möchte? (Diese Frage steht übrigens nicht nur bei einer Trennung im Leben, sondern auch bei einer Trennung im Sterben.) Solch eine Frage ist für niemanden leicht zu beantworten und jeder wird hier an seine Grenzen stoßen. Diese Grenzen sollte man sich auch keinesfalls zum Vorwurf machen. Es ist schon fast übermenschlich, auf solch eine Weise zu lieben. Deshalb hatte ich sie bereits am Anfang als »Zugabe«, keinesfalls als Voraussetzung für eine Partnerschaft bezeichnet. Es ist ein Zeichen guter Selbstliebe, die eigenen Grenzen zu erkennen und zu akzeptieren – und das gilt eben auch für die Liebe, mit der sich Menschen in einer Partnerschaft begegnen.

Und zum Schluss

Es ist Zeit, zum Schluss zu kommen, denn eigentlich ist alles gesagt. Es ist ein Zeichen der Einfachheit von Partnerschaft, dass die wesentlichen Prinzipien und Grundregeln von Partnerschaft in einem solchen kleinen Buch beschrieben werden können.

Einen wichtigen Punkt möchte ich am Ende aber doch noch ansprechen: Kein Paar kann ganz für sich allein eine gute Partnerschaft entwickeln. Auch Paare brauchen Freunde und andere Paare, mit denen sie sich austauschen, über ihre Sorgen und Probleme berichten und ihre Freuden teilen. Suchen sie sich also Paare, mit denen Sie sich »auf einer Wellenlänge« fühlen. Schließen Sie Freundschaften und seien Sie bereit, sich auch über ihre Partnerschaft auszutauschen. Pflegen Sie Paar-Paar-Gespräche.

Was für das Paar gilt, gilt selbstverständlich auch für die einzelnen Partner. Reden Sie mit Freunden über ihre Partnerschaft. Berichten Sie, was Ihnen gut gefällt und was Ihnen gelingt. Sprechen Sie aber auch über Ihre Probleme und Fragen. Die Gemeinschaft und der Austausch mit anderen Menschen – einzeln und als Paar – ist eine wichtige Voraussetzung, dass Partnerschaft auch auf Dauer gelingt. Ein Paar, das sich mit seinem Leben nach außen abschottet, fährt schnell fest und scheitert vielleicht an Problemen, die nicht zum Scheitern führen müssten.

Und schließlich: Rechnen Sie damit, dass immer wieder einmal Probleme auftauchen. Das ist normal und unvermeidbar. Das eigene Versagen zeigt sich nicht daran, dass man Probleme hat, sondern dass man sich keine Hilfe organisiert. Je früher man über seine Probleme in der Partnerschaft spricht, desto leichter lassen sie sich beheben. Nach unseren Erfahrungen gibt es nur sehr selten Partnerschaftsprobleme, die sich nicht lösen lassen. Aber häufig findet der einzelne oder das Paar allein keinen Weg heraus. Es ist wirklich nicht schlimm, Hilfe in Anspruch zu nehmen – sei es bei Freunden, sei es bei professionellen Beratern oder Therapeuten. Es gehört zu der Erkenntnis, dass Partnerschaft im Grunde einfach ist, dazu, sie nicht erst unnötig kompliziert werden zu lassen.

Literatur, auf die im Buch verwiesen wurde

Hans-Joachim Maaz: Der Lilith-Komplex. Die dunklen Seiten der Mütterlichkeit. Verlag C. H. Beck München 2003

Hans-Joachim Maaz: Die Liebesfalle. Spielregeln für eine neue Beziehungskultur. Verlag C. H. Beck München 2007

Michael Lukas Möller: Die Wahrheit beginnt zu zweit. Das Paar im Gespräch. Rowohlt Taschenbuchverlag Reinbek bei Hamburg 1993

David Schnarch: Psychologie sexueller Leidenschaft. Klett-Cotta-Verlag Stuttgart 2005

Matthias Stiehler: Der Männerversteher. Die neuen Leiden des starken Geschlechts. Verlag C. H. Beck München 2010

Jürg Willi: Die Zweierbeziehung. Spannungsursachen - Störungsmuster - Klärungsprozesse - Lösungsmodelle. Rowohlt Verlag Reinbek bei Hamburg 1975

Matthias Stiehler

Partnerschaft ist zweifach
Wie sich Paare finden und was sie zusammenhält

tredition Ahrensburg 2023
156 Seiten
Paperback   ISBN 978-3-347-95879-1
Hardcover   ISBN 978-3-347-95880-7
E-Book   ISBN 978-3-347-95881-4

Matthias Stiehler schildert im dritten Partnerschaftsbuch, wie sich Paare finden und ihr Miteinander gestalten. Seine zentrale Aussage ist, dass beide Partner ein identisches lebensgeschichtliches Grundthema verbindet. Das gilt selbst, wenn sie charakterlich verschieden sind und nicht zusammenzupassen scheinen.
Stiehler beschreibt die Bedeutung frühkindlicher Erfahrungen für die Gestaltung der Partnerschaft und zeigt, dass diese sowohl Ursachen für Alltagsschwierigkeiten und große Krisen sind, als auch das Potenzial zur Reifung in sich tragen. Sein erzählender Stil nimmt den Leser auf eine Entdeckungsreise zu Tiefendimensionen menschlichen Lebens mit und lädt ihn zur Selbstreflexion ein.

www.partnerschaft-ist-zweifach.de

Matthias Stiehler

Partnerschaft geht anders
Mit Paarberatung zu einem guten Miteinander

tredition Ahrensburg 2018
144 Seiten
Paperback   ISBN 978-3-7469-6069-2
Hardcover   ISBN 978-3-7469-6070-8
E-Book   ISBN 978-3-7469-6071-5

»Merkmal einer guten Partnerschaft ist, dass sich beide in gegenseitiger Gastfreundschaft begegnen.«

»Partnerschaft ist anders«
… ist ein ehrliches Buch. Es beschönigt nichts, zeigt Möglichkeiten, aber auch Grenzen von Paarberatung und Partnerschaft auf. Vor allem aber verdeutlicht es, dass auftretende Schwierigkeiten eine Chance für die Beziehung sind. Dafür dürfen sie nicht ignoriert oder auf die lange Bank geschoben werden. Das Buch ist ein Plädoyer dafür, sich rechtzeitig Hilfe zu suchen.

www.partnerschaft-ist-einfach.de

Matthias Stiehler

Ist Gott noch zu retten?
Woran wir glauben können

tredition Ahrensburg 2016
192 Seiten
Paperback   ISBN 978-3-7345-7434-4
Hardcover   ISBN 978-3-7345-7435-1
E-Book   ISBN 978-3-7345-7436-8

»Die Erlösung liegt in der Erkenntnis, dass es keine Erlösung gibt.«

Warum scheitert die menschliche Sehnsucht nach einer gerechten und friedlichen Welt wieder und wieder? Warum gelingt es bestenfalls, Ungerechtigkeit und Leid ein wenig zu verringern, aber nie wirklich zu besiegen? Warum bleibt die Erlösung der Welt seit Jahrtausenden aus, obwohl sie von den Religionen immer wieder versprochen wurde? Matthias Stiehler geht diesen grundlegenden Fragen unserer Existenz nach. Die Antwort findet er in der Entstehung des Christentums — allerdings in überraschender Weise.

Stiehler beschreibt den Abschied von der Illusion auf eine bessere Welt als den sinnvollen Weg auch in unserer Zeit zunehmender Gleichgültigkeit. Er eröffnet damit ein tiefes Verständnis menschlichen Lebens, das für Christen wie Nichtchristen nachvollziehbar ist.

www.ist-gott-noch-zu-retten.de

Matthias Stiehler

Der Männerversteher
Die neuen Leiden des starken Geschlechts

Verlag C.H. Beck München 2010
221 Seiten / Taschenbuch
ISBN 9783406605987

»Der Weg ist das Ziel – aber die Richtung muss stimmen.«

Der Männerforscher Matthias Stiehler setzt sich mit den gesellschaftlichen Vorstellungen und den Selbstbildern von Männern auseinander. Als zentrales Problem der gegenwärtigen Stellung des Mannes in unserer Gesellschaft beschreibt er das Fehlen eines positiven männlichen Selbstverständnisses. Daher entwickelt er einen Weg zu einer positiven Geschlechtsidentität für den Einzelnen, aber auch für die Wahrnehmung von Männern in der Gesellschaft. Das sieht er auch als Grundlage für ein gutes Miteinander von Frauen und Männern. Er fordert Männer auf, dafür Verantwortung zu übernehmen.

www.dermaennerversteher.de

Matthias Stiehler

Väterlos
Eine Gesellschaft in der Krise

Gütersloher Verlagshaus 2012
192 Seiten / gebunden mit Schutzumschlag
E-Book
Printausgabe nicht mehr lieferbar.

Vom Mangel an Väterlichkeit und den Konsequenzen für unsere Gesellschaft

Der Mangel an Väterlichkeit ist ein Problem unserer Gesellschaft. Prinzipienfestigkeit, Begrenzung, Partnerschaftsfähigkeit, Ehrlichkeit und Verantwortung – das sind Werte, die in weiten Teilen unserer Gesellschaft fehlen. Dabei wäre es notwendig, Väterlichkeit als komplementäres Gegenstück zu Mütterlichkeit zu entwickeln, um krisenhaften Entwicklungen wie zu geringe Geburtenzahlen, Schuldenkrise und hilfloser Politik entgegenzuwirken.

Der Männerforscher Matthias Stiehler beschreibt den »unväterlichen Vater« als ein zentrales Merkmal unserer Zeit. Welche Merkmale von Väterlichkeit es stattdessen in den Familien, aber auch in der Gesamtgesellschaft umzusetzen gilt, entwickelt Stiehler in diesem Buch.

www.vaeterlose-gesellschaft.de